"Tengo muchos años de conocer a la pastora Debbie Morris, y me siento bendecida de llamarla amiga. A medida que vea cómo Dios la ha bendecido por haberse rendido a Él, usted se dará cuenta de que su espíritu de generosidad y bondad es contagioso. Ella es en verdad una mujer de Dios bendecida con una pasión por dirigir a las mujeres hacia el corazón de Dios. Le recomiendo encarecidamente este libro".

—KAREN EVANS, anfitriona de *Marriage Today*
[El matrimonio hoy]

"Mi buena amiga Debbie ha escrito una obra inspiradora que vincula la historia de su vida con las lecciones de vida de las mujeres de la Escritura, con las mismas necesidades, sueños y desafíos que muchas mujeres enfrentan hoy. Este libro animará a todas las lideresas a maximizar su caminar con Dios, con el fin de comprender y experimentar todo lo que Él ha destinado para su vida".

—DRA. LOIS EVANS

"Una de mis personas favoritas ahora ha escrito uno de mis libros favoritos. En *Una mujer de bendición*, la hermosa Debbie Morris escribe con franqueza y belleza su viaje espiritual de victoria sobre la inseguridad y la timidez. A lo largo del camino ella nos muestra las historias de otras mujeres extraordinarias de fe, desafiándonos e inspirándonos como hijas del Rey, a llevar una vida de significado, propósito y poder. Este libro es un regalo excepcional".

—KARI JOBE, ganadora de dos premios Dove

"El ministerio de Debbie con las mujeres es poderoso. El impactante efecto que su mensaje de esperanza, amor y restauración tiene sobre las mujeres se hace evidente por las miles de vidas que son revolucionadas bajo su liderazgo. El libro que usted tiene en sus manos no solamente la llevará en un viaje con las mujeres de la Biblia, sino también la acompañará en un viaje personal: un viaje que la llevará al siguiente nivel glorioso de su liderazgo con Dios. Abróchese el cinturón y prepárese para el viaje de su vida".

—PRISCILLA SHIRER, autora y maestra de la Biblia

"Una mujer de bendición es una revelación de la manera en que Dios desea defender a sus hijas y favorecer su vida. ¡Debbie Morris la lleva en un viaje a través de la Palabra de Dios con el fin de colocarla en el lugar correcto para cosas mayores!".

—LISA BEVERE, autora/conferencista,
Messenger International

"Debbie escribe este libro desde su hermoso corazón. Está lleno de amor y gracia, y busca refrescar y fortalecer a cada mujer que lea sus páginas. Este libro es una herramienta para enseñarla, guiarla y animarla a ser todo lo que Dios deseó que usted fuera. Como dice Debbie: 'Ser mujer no siempre es fácil', pero la sabiduría de estas páginas definitivamente lo facilitará. Gracias, Debbie, por dar gratuitamente la sabiduría que te costó todo".

—CHARLOTTE GAMBILL, pastora/conferencista

"Las revelaciones de Debbie acerca de moldear y guiar a las ásperas y burdas hijas de Dios le brindan una esperanza inspiradora a quienes la han perdido. Hay una identificación inmediata con las poderosas mentoras femeninas de la Biblia cuando nos damos cuenta de que el deseo del corazón de Dios es utilizarnos a cada una en una manera muy significativa. Como Debbie dice: nosotros no nos damos cuenta de que nuestros errores, debilidades y carencias, las cuales pensamos provocan que las oportunidades de Dios nos esquiven, en realidad nos hacen perfectas candidatas para sus propósitos. En verdad Dios está buscando hijas a través de quienes pueda mostrarse fuerte y poderoso: usted y yo. Aunque no estemos calificadas en lo natural para llevar a cabo lo que Él está pidiendo, Él está más que listo para equiparnos y darnos poder para llevar a cabo la visión apasionada que tiene para cada una de nosotras. Nuestras deficiencias son la oportunidad de Dios para ser el Dios de lo imposible".

—GINGER LINDSAY, Directora de Operaciones de Cristo para las naciones

"Una mujer de bendición está escrito con un encanto lleno de gracia que habla al corazón de cada mujer en cualquier etapa de la vida. La transparencia y la vulnerabilidad del libro atraen al que lo lee con la crónica de la vida de la autora y de las increíbles mujeres de la Biblia, haciendo de este un relato real para nosotras. La pastora Debbie saca

a la luz las debilidades, temores y defectos humanos de todas ellas, así como, finalmente, su fe manifiesta y su confianza en Dios, llevándolas desde la concepción de su propósito hasta el nacimiento de la visión de Dios a través de ellas [...] tal como Él desea hacerlo con cada una de nosotras, transformando lo ordinario en extraordinario".

—LORI ANN BIGGERS, conferencista

"Cada mujer está buscando una mentora, alguien que la guíe a través del camino incierto de la vida. En *Una mujer de bendición*, Debbie Morris nos ayuda a ver a algunas de las mujeres asombrosas de la Biblia como mentoras. Debbie es transparente y honesta al utilizar su propio viaje y las verdades de la Biblia para guiarnos en nuestra vida diaria. ¡Yo sé que este libro será un gran aliento para muchas! ¡Por lo tanto, compre uno para usted y para todas sus amigas!".

—HOLLY WAGNER, pastora de Oasis Church, autora de *Chicas de Dios*, *Pasos diarios para chicas de Dios* y *Warrior Chicks* [Chicas guerreras]

"El libro *Una mujer de bendición*, de Debbie Morris, es un aliento de aire fresco, uno que refrescará a cada persona que lo lea, sin importar su género. Aunque está esencialmente dirigido a mujeres, ¡cualquier lector perceptivo que ame la Palabra será agradablemente sorprendido por la manera en que Debbie es a la vez "simple y sencilla", así como "poderosamente profética"! El contenido fluye del corazón de una esposa de pastor que se identifica con un toque agradable y transformador con sus escritos, tomando la vida diaria y convirtiéndola en material de eternidad. Este viaje ofrece un estudio mordaz de las mujeres de la Biblia que edificará su confianza, incrementará su fe y la llevará a una vida y ministerio prácticos y de propósito".

—PASTOR JACK HYFORD, rector de la King's University

"Debbie Morris escribe con el corazón de una verdadera esposa de pastor; yo lo sé, porque ella es la esposa de mi pastor y mi amiga. La he visto crecer cada vez más en su papel, ¡y qué mujer tan poderosa de Dios es ella! En este libro, ella es transparente y humana en una manera con la que todas podemos relacionarnos, y nos inspira a entrar en nuestro propio llamado y en el propósito que Dios tiene para nosotras. Ella escribe acerca del sueño que Dios engendró en su interior de darle poder a las mujeres para seguir a Dios y en que, a pesar de sus circunstancias, Dios la ayudó a liberar ese sueño. Usted sentirá que está en sus zapatos y en los zapatos de muchas mujeres de la Biblia, a medida que Debbie la lleve en su viaje, compartiendo sus historias personales, así como historias bíblicas. Todas las mujeres que estén buscando la bendición de Dios deberían leer este libro".

—JONI LAMB

"A mí me encantan el corazón y el alma de Debbie. No solamente es una asombrosa mujer de Dios, ¡ella también es mi amiga! Su pasión y compromiso con las mujeres es inspirador y son capturados muy bien en su nuevo libro, *Una mujer de bendición*. Debbie transmite una clara visión acerca de darles poder a las mujeres cristianas veteranas, para que se conviertan en las mentoras que Dios creó, así como para que redefinan su feminidad. ¡Me emociona ver que su libro inspire a muchas mujeres a ser las lideresas que están destinadas a ser!".

—CHRISTINE CAINE

"La pastora Debbie es una de las mujeres más humildes y dulces que he conocido. Estas características de su personalidad la clasifican como una verdadera lideresa, y como tal, lo que ella diga o escriba es algo que debemos escuchar y tomarnos en serio. El libro de Debbie nos ayudará a todas a no solamente creer en nosotras mismas, sino también a asumir los papeles que tenemos como mujeres para hacer las cosas que solamente las mujeres pueden hacer".

—DRA. CAROLINE LEAF, neurocientífica y autora

"Debbie Morris ha comenzado la conversación que toda mujer cristiana debe sostener. Al leer su libro, usted se dará cuenta de que Debbie misma es genuina, sin importar quien la rodee. Ella ha dejado que las mujeres de la Palabra de Dios realmente guíen y moldeen su alma, y este libro muestra cómo podemos hacer lo mismo. Con mentoras como estas, es fácil ser moldeadas cada vez más por Dios y menos conducidas por el temor a la gente. Léalo. ¡Luego haga que sus hijas lo lean!".

—BOB HAMP, pastor ejecutivo de cuidado pastoral en la iglesia Gateway, autor de *Think Differently Love Differently: Keys to a Life of Freedom* [Piense diferente, ame diferente. Claves para una vida de libertad]

DEBBIE MORRIS

UNA
MUJER DE
BENDICIÓN

CASA
CREACIÓN

Una mujer de bendición por Debbie Morris
Publicado por Casa Creación
Una compañía de Charisma Media
600 Rinehart Road
Lake Mary, Florida 32746
www.casacreacion.com

Traducido por: pica6.com (con la colaboración de Danaé G. Sánchez Rivera y Salvador Eguiarte D.G.)
Diseño de la portada: Lisa Cox
Director de diseño: Bill Johnson

Originally published in English under the title:
The Blessed Woman by Debbie Morris
Copyright © 2013 by Debbie Morris
Published by WaterBrook Press,
an imprint of The Crown Publishing Group, a division of Random House, Inc.
12265 Oracle Boulevard, Suite 200 Colorado Springs, Colorado 80921 USA.

International Rights contracted through:
Gospel Literature International
P.O. Box 4060, Ontario, California 91761-1003 USA

This translation published by arrangement with WaterBrook Press, an imprint of The Crown Publishing Group, a division of Random House, Inc.

Spanish edition © 2014 Casa Creación

600 Rinehart Road Lake Mary, FL 32746

Library of Congress Control Number: 2013955648
ISBN: 978-1-62136-489-4
E-book ISBN: 978-1-62136-491-7

Impreso en los Estados Unidos de América
14 15 16 17 18 * 5 4 3 2 1

❦ ❦ ❦

Este libro está dedicado a mi mejor amigo y mi esposo, Robert Morris. Gracias por amarme con todo tu corazón, sin importar lo que suceda, y siempre y siempre.

A Josh, Hannah, Grady y Willow; a James, Bridgette y Parker; y a Elaine e Ethan. Gracias por desafiarme, inspirarme y llenarme. Ustedes hacen que mi corazón cante.

Contenido

Prólogo

He tenido el honor de estar casado con Debbie durante los últimos treinta años. Ha sido como vivir con un ángel. Sinceramente creo que si Debbie hubiera vivido durante los tiempos bíblicos, ella habría sido una de las mujeres de quienes leemos ahora. Su carácter, su belleza, su liderazgo, su amor por Dios…todo en ella ejemplifica una mujer conforme al corazón de Dios. Ella es la persona que me trajo a Cristo, y hasta ahora ella continúa acercándome a Él. De verdad es la persona en quien más veo al Señor.

Cuando a Debbie le pidieron por primera vez que hablara frente a un grupo de mujeres, ella se sentía reticente y no sentía que tuviera nada que decir. Sin embargo, aceptó hacerlo porque estaba apasionada por ayudar a que la gente conociera al Señor. Las primeras veces me enseñó sus notas para revisarlas antes de la conferencia, y yo me quedé deslumbrado con las cosas que ella vio en la Biblia. Me pidió que la instruyera para hablar, de manera que le di algunas indicaciones, pero me sentí un poco como el entrenador de Michael Jordan. ¡Ella era mucho mejor de lo que yo imaginaba! Durante los años, Debbie ha incrementado su capacidad para ver cosas en la Palabra y ayudar a cambiar la vida de la gente. Ella es una líder ungida y una pastora increíble para muchas, muchas mujeres…y tal como Michael Jordan, ella ha despegado y ganado grandes juegos.

Muchas mujeres buscan mentores: alguien a quien emular. Debido a nuestro horario durante los años, Debbie no tenía muchos mentores en su vida, de manera que aprendió de las mujeres de la Biblia. En este libro, Debbie comparte estas verdades relevantes que el Señor le ha mostrado en los años que ha estudiado a estas mujeres. A través del libro, ella comparte las revelaciones que ha recibido de estas mujeres de la Biblia (¡y de algunos hombres también!), todo mientras teje en ellas su propia historia personal.

Debbie es una escritora dotada, y yo siempre me asombro cuando leo algo que ella ha escrito. Este libro le ministrará a todo el que lo lea. Usted se verá a sí misma en este libro. Reirá, llorará y verá las verdades de la Escritura que no había visto antes. A medida que lea, verá cosas de su propia vida que desea cambiar, y la voluntad de la Palabra de Dios para hacer su obra en usted, porque la Biblia siempre tiene la respuesta.

Yo no podía dejar de leer este libro una vez que comencé, ¡y usted tampoco podrá! Estoy muy orgulloso de Debbie y muy honrado de escribir el prólogo para un libro que contiene grandes principios poderosos de la Palabra de Dios. Yo sé que a medida que lea y deje que su verdad brille en usted, ¡literalmente cambiará su vida!

—ROBERT MORRIS
Pastor principal de Gateway Church

Agradecimientos

No debemos intentar solos algunas cosas. No puedo imaginar escribir un libro sin el apoyo del que he disfrutado. Mi corazón rebosa de gratitud con un ejército de personas asombrosas.

No se puede escribir un libro acerca de ser bendecido sin reconocer a la fuente de todas las bendiciones: nuestro Señor. Estoy agradecida de que Él me amara primero. Deseo agradecerle a mi enamorado, Robert Morris, por amarme incondicionalmente. Tú has sido una representación de Cristo para mí al dar tu vida por mí. Estoy bendecida y me siento honrada de compartir la vida contigo.

Gracias Josh, Hannah, James, Bridgette, Elainee y Ethan. Su amor mutuo y su búsqueda de Dios me recuerda la fidelidad de Dios. Estoy muy orgullosa de ustedes.

Gracias, Grady, Willow y Parker por ser ustedes. Ustedes son una recompensa de obedecer a Dios.

Gracias, Edra y Grady Hughes, por ser los mejores padres que una chica podría desear. Su amoroso apoyo y su fiel ejemplo esculpió una sana imagen de Dios que me proporcionó un asombroso fundamento. Gracias, Mari Eisenrich, por animarme como solo una hermana podría hacerlo.

Gracias, Jan Greenwood, Lynda Grove y Mallory Bessham, por empujarme, empujarme y empujarme más.

Gracias a los ancianos de Gateway Church, por dirigirnos bien.

Gracias a Gateway Create y a WaterBrook Multnomah Publishing Group por llevar este libro de un sueño a su terminación. Gracias, Gina Lynnes, por ayudarme a encontrar las palabras correctas para expresar lo que hay en mi corazón. Fue un gozo trabajar contigo.

Gracias a la Gateway Church por ser un grupo asombroso de personas. Ustedes hacen divertida la iglesia.

La vida surge

Dar a luz hijos y otras cosas generadoras de vida

Conoció Adán a su mujer Eva, la cual concibió y dio a luz a Caín, y dijo: Por voluntad de Jehová he adquirido varón.

GÉNESIS 4:1

Ser mujer no es siempre fácil. La mayoría de nosotras lo descubre en los primeros años de su vida. Pero de vez en cuando, tal idea nos ilumina con una claridad deslumbrante.

Para mí esa alerta sonó cuando me encontraba de camino a dar a luz a mi primer bebé. ¡Qué viaje tan ilustrativo! Me dirigí lentamente hacia el coche, sintiéndome tranquila y capaz. Como pasé nueve meses preparándome para el acontecimiento, supuse que estaba lista. Las fiestas prenatales, las citas médicas y las pláticas con otras mujeres acerca de las emociones y los miedos de la maternidad me habían dejado una sensación de apoyo, de información y de capacidad para navegar por la experiencia de la natividad que se aproximaba.

En algún lugar entre la casa y la recepción del hospital, mi confianza de alguna manera mermó. Mirando hacia abajo a la corpulencia que nueve meses atrás había sido mi regazo, me pregunté si después de todo estaba lista para ello. Mi corazón se aceleró a medida que consideraba mis opciones.

Claramente, no tenía ninguna.

No había manera de salir de esto. No podía cambiar de opinión.

No podía delegar esta tarea ni pedirle a alguien más que la terminara por mí. Ni siquiera podía dejarlo para más tarde. *Me guste o no, esté lista o no, voy a dar a luz a este bebé hoy,* pensé. *¡No tengo idea de cómo hacerlo!*

Mirar a mi esposo, Robert, en el asiento del conductor, mientras sostenía el volante confiadamente y maniobraba a través del tráfico, no me tranquilizó demasiado. Él no sabía más de esto que yo. Sí, él podía conducirme a la sala de partos. Pero a partir de ese momento, ya no sería de mucha ayuda.

De hecho, esa no es solamente una observación personal. Es bíblica también. Como me di cuenta algunos años después, yo estaba experimentando un poco lo que Eva cuando ella dio a luz al primer hijo que alguna vez nació. Su descripción del evento fue simple pero reveladora: "¡Con la ayuda del Señor, he tenido un hijo varón!" (Génesis 4:1, NVI).

Observe que Eva no mencionó a Adán. Aparentemente no valió la pena mencionar asistencia alguna que el haya intentado proporcionar. (Algunas cosas nunca cambian). Desde la perspectiva de Eva, el único que de verdad marcó una diferencia fue el Señor. Solamente Dios pudo proporcionarle lo que ella necesitaba para satisfacer el desafío de convertirse en la madre de toda la raza humana.

La historia de Eva nos es tan familiar que a menudo la subestimamos. Pero, ¿puede usted imaginarse de verdad cómo debieron haber sido para ella el embarazo y el alumbramiento? ¡Piense en las preguntas que debió haber tenido! A diferencia de las mujeres de la actualidad, Eva no tuvo ningún ejemplo a seguir, ninguna madre ni hermana que le explicara lo que le estaba sucediendo durante esos misteriosos nueve meses. Ella no tenía libros para leer sobre el desarrollo del bebé, no tenía clases de alumbramiento que la prepararan, ni amigas que le compartieran sus experiencias de parto y alumbramiento.

Cuando comenzaron las contracciones de Eva, no había enfermeras alrededor de ella, midiendo las punzadas y asegurándole que todo estaba marchando bien. Ella no tuvo matronas que le masajearan la espalda y le colocaran cubitos de hielo en la boca. No había médicos atendiéndola, como a mí cuando di a luz a mi primer hijo, con la eficiencia que viene con años de capacitación y experiencia.

A pesar de ello, de acuerdo con la Biblia, y con sus propias palabras, Eva no estaba sola. El Dios omnisciente, omnipotente y amoroso estaba ahí para instruirla, consolarla y aconsejarla. Y con su ayuda, ella llevó a cabo aquello para lo que fue creada. Ella cumplió con la misión que había sido divinamente entretejida en su mismo ADN.

Eva entró en el llamado que la definió por su nombre, el cual significa *vivir* o *avivar,* y produjo vida.

¿Alguien puede mostrarme cómo hacer esto?

Como mujeres de Dios, desde entonces hemos continuado embarazándonos y dando a luz, siguiendo los pasos de Eva. No solamente hemos dado a luz a hijos, sino hemos dado a luz todo tipo de cosas generadoras de vida: esperanzas y sueños, ministerios y carreras, libros y negocios. La lista podría continuar. Pero con demasiada frecuencia hemos tenido que caminar por el proceso de la misma manera que Eva: prácticamente solas, con solamente a Dios para ayudarnos.

Yo sé cómo se siente. Cuando me casé con Robert y el sueño del ministerio fue concebido en nuestro corazón, yo no tuve mentores, y los necesitaba demasiado. Al ser una novia de diecinueve años, plagada de inseguridades que me atosigaron toda la vida, no tenía idea de cómo alimentar y dar a luz los planes que Dios tenía para nosotros.

Nuestra vida antes del matrimonio no se veía en absoluto como luce hoy. Aunque Robert había vuelto a dedicar su vida varias veces en la iglesia bautista a la que asistía, él en realidad no le había entregado en serio su vida *a Cristo.* Luego de una de esas ocasiones de consagración, alguien de la iglesia que sabía que él tenía un problema con las drogas le sugirió que saliera con una "buena chica" que lo ayudara a mantenerse en el camino. De manera que fui elegida, eso fue lo que nos unió.

La primera vez que salimos juntos fue en una cita doble con mi hermana y su novio. Ellos no se habían besado aún, y su novio predeterminó que esa cita iba a marcar el gran acontecimiento. Por lo tanto, tan pronto como terminó la cita, Robert y yo desaparecimos y los dejamos solos.

Mientras nos dirigíamos hacia la puerta trasera, comenzamos a despedirnos, cuando de pronto, mi papá nos sorprendió, pensando que éramos vándalos o rateros. Con solo su ropa interior—sí, aquellos calzoncillos blancos y ajustados—él dijo con una dignidad que contradecía su atuendo: "Deb, es tiempo de que entres".

Mortificada, murmuré: "De acuerdo, papi", pensando que la cita había terminado. ¡Pero cuán equivocada estaba! Luego de que mi padre cerrara la puerta, Robert me besó y toda mi vida cambió.

Al poco tiempo de comenzar a salir, un evangelista local vio potencial en Robert. Lo acogió bajo su protección y le abrió puertas para entretener a los grupos juveniles de la iglesia con actos cómicos para compartir su testimonio. Para cuando nos casamos, Robert ya estaba predicando. Solamente había un problema: él no conocía de verdad a Dios.

Justo nueve meses después de nuestra boda, nuestro matrimonio estaba en problemas y yo no tenía idea de qué hacer para arreglarlo. Robert estaba destrozado. Ahora me doy cuenta de que estaba siendo redargüido en su conciencia, pero en ese momento yo pensaba que era mi culpa. Como una novia reciente, ansiosa por agradar a su esposo y ser una buena esposa, me pregunté desesperada: *¿Qué estoy haciendo mal?*

Gracias a Dios, una noche después de predicar un mensaje que tomó prestado acerca de la parábola de Mateo 13 del trigo y la cizaña, Robert comenzó a darse cuenta de que él no era salvo. Le dio su corazón a Jesús al día siguiente y fue transformado rápida y radicalmente.

Aunque las cosas mejoraran un poco en ese momento, la vida continuó siendo dura. Yo enfrenté cambios y desafíos que me dejaron tambaleando. Nos habíamos mudado recientemente a una nueva ciudad en la que yo solamente tenía un par de amigos. Robert viajaba todo el tiempo en el ministerio, de manera que iba sola cada domingo a la clase de creyentes jóvenes casados. Me sentía que no encajaba sin mi esposo a mi lado. Y a pesar de que ambos trabajábamos de cuarenta a sesenta horas a la semana, nuestro salario junto sumaba un total de seiscientos dólares al mes.

Yo sabía que Robert tenía un fuerte llamado de Dios para su vida. Yo también sentía que mi papel, como el de Eva, era ayudar a alumbrarlo.

¿Pero cómo?

Sinceramente, yo no tenía idea.

Tal como todas las mujeres, yo necesitaba una consejera. Deseaba alguien que caminara a mi lado, que me amara y me mostrara cómo llegar a donde deseaba ir. Pero en realidad no tenía a nadie. Mi asombrosa madre simplemente no era la persona adecuada a quien hablarle en ese punto de mi vida. (Ahora, yo misma tengo una hija casada y comprendo por qué no siempre es lo mejor). Meses después comencé a trabajar en las oficinas del ministerio de James Robinson; mientras admiraba a su esposa, Betty, a lo lejos, no sentía que pudiera levantar el auricular y decir: "¡Hola, Betty! ¿Te gustaría ser mi mentora?".

De manera que hice lo único que sabía hacer. Acudí a la Biblia.

Habiendo memorizado Proverbios 31 antes de casarme, comencé a pedirle al Señor que me enseñara a ser una esposa santa. Él respondió al llevar mi atención a las mujeres de la Biblia. *¡Desde luego!*, pensé. Desde mi infancia, los personajes de la Biblia me habían llamado la atención. Yo nunca me he sentido cautivada por la teología (aunque aprecio su valor), pero me fascinan los personajes bíblicos y sus historias.

A medida que leía y estudiaba acerca de mujeres como Eva, María, Sara, María y Séfora, el Espíritu Santo comenzó a hablarme de ellas. Ellas se volvieron amigas, hermanas y maestras. Sus ejemplos cobraron vida y el Señor las volvió mis mentoras. Determinada a aprender todo lo que pudiera para obtener todos los consejos y revelaciones que estas mujeres tenían para ofrecer, descubrí que podía crecer a través de *sus* experiencias. Descubrí, una revelación a la vez, lo que ellas podían enseñarme acerca de ser una mujer de Dios llena de gracia y dadora de vida.

Podemos decir que ellas comenzaron a darme lecciones de gracia. Lecciones que yo podría estar aprendiendo y viviendo el resto de mi vida.

Reclutada para un sueño

Gracia puede definirse como "la influencia del Espíritu de Dios que opera en los humanos para regenerarlos y fortalecerlos". Y tengo que decir que es la única explicación para lo que Robert y yo vemos ahora a nuestro alrededor. En muchas maneras, estamos viviendo un sueño. Nos sentimos llenos de humildad y asombrados por la influencia que Dios nos ha dado a través de Gateway Church, la iglesia que comenzamos en nuestra casa hace más de doce años. Aunque de ninguna manera hemos "llegado a la meta", hemos sido bendecidos al ministrar a más gente de la que hubiera imaginado en aquellos días turbulentos al principio de nuestro matrimonio. Cada semana, Robert ministra a miles de personas como pastor principal de Gateway Church (con una asistencia semanal promedio de más de veinte mil personas) y como anfitrión del programa de televisión *The Blessed Life* [La vida de bendición]. Yo superviso el ministerio femenil de Gateway, *PINK*, el cual incluye grupos pequeños, un congreso (*Pink Impact*), una revista (Studio G), y alcances globales.

A lo largo del camino, Dios ha puesto algunos sueños inesperados en mi corazón. Me ha dado un amor especial por las mujeres, por ejemplo. Ha colocado en mí un profundo deseo de ayudarlas a convertirse en todo lo que Él planeó que fueran, lo cual en realidad no es de sorprenderse, considerando lo que Dios siente por las chicas. A lo largo de la Biblia, Él muestra su ternura hacia ellas. Se presenta a ellas en maneras asombrosas y sobrenaturales. Él está ahí para apoyarlas en tiempos de problemas, cuando nadie más puede ayudar. Él se les revela, les habla y obra a través de ellas en maneras poderosas que literalmente pueden cambiar el mundo.

Seré sincera, sin embargo. Cuando el Señor comenzó a acercarme al ministerio de mujeres hace muchos años, yo no era exactamente una ansiosa voluntaria. Sentía que ese sería un empleo sin recompensas. Como mujeres, nosotras tendemos a ser críticas. Tenemos una reputación de analizar o incluso menospreciar lo que los demás están haciendo. Mi experiencia en el ministerio femenil había sido que cuando a una lideresa se le ocurre una idea, es probable que alguien diga: "No deseamos hacer eso", o: "¿Por qué no lo haces así?". No siempre somos las mejores para apoyarnos y edificarnos mutuamente. (Usted sabe a qué me refiero. Una mujer está tratando de perder peso y otra le está diciendo: "Mira, ¡tengo una galleta!").

Yo sabía que esas cosas sucederían incluso antes de involucrarme en el ministerio de mujeres. A pesar de mi reticencia, Dios comenzó a moverme en esa dirección hace años, al reclutarme en el ministerio de grupos pequeños de la iglesia donde Robert era pastor asociado. Utilizo el término *reclutarme*, porque un día Robert llegó a casa después una reunión del personal y me anunció la decisión que se había tomado: todas las esposas de pastores comenzarían a dirigir grupos pequeños. Aunque quedé petrificada, no me habían dado ninguna opción. Ya me habían dado el aviso. Para mi sorpresa y el crédito de Dios, mi grupo pequeño se expandió y prosperó, lanzando lideresas a sus propios grupos pequeños. Antes de que pasara mucho tiempo, me pidieron que me uniera al personal de la iglesia para ayudar a dirigir nuestro floreciente ministerio de grupos pequeños para mujeres. Alguien más había visto en mí algo que yo no había visto. Me sentí verdaderamente honrada, pero continuaba sintiendo que no estaba calificada en absoluto. De manera que durante los siguientes años trabajé incansablemente para esconder mis propios sentimientos de incapacidad, mientras dirigía un ministerio floreciente.

Más tarde, cuando comenzamos Gateway, yo estaba tan agotada que le dije a Robert: "No voy a hacer ningún ministerio femenil. Punto".

Meses después, sin embargo, cedí un poco. Comencé a llevar a cabo reuniones ocasionales solo para juntar a la gente de la iglesia. Entonces, un día Robert llegó a casa luego de una reunión de personal y me dijo: "Te ofrecí como voluntaria para dirigir nuestros grupos de mujeres".

¡*Otra vez* me habían reclutado! "Pero yo no deseo dirigirlas", protesté. Él no me puso atención. "Sí, ya sabes lo que hay que hacer. Comprendes la estructura y la has implementado antes en un contexto de grupo pequeño. Tienes la experiencia que necesitamos".

"De acuerdo—suspiré—. Te daré seis meses". Eso fue hace más de doce años.

Durante aquellos días, el Señor concibió en mí el sueño de

otorgarles poder a las mujeres para que sigan a Dios con todo su corazón. Desde entonces, Él me ha dado la visión de proveerles a las mujeres jóvenes, madres espirituales y mentoras la ayuda que yo necesitaba tan desesperadamente de joven. Él nos ha inspirado a todos los que estamos involucrados en el ministerio de mujeres de Gateway, para animar y equipar a mujeres cristianas veteranas para convertirse en las mentoras que ellas están diseñadas espiritualmente a ser.

No hay nada nuevo en el concepto, sin embargo. Es una idea tan antigua como las Escrituras. Tito 2:4-5 nos dice específicamente que las mujeres maduras deben enseñar, capacitar y animar "a las mujeres jóvenes a amar a sus maridos y a sus hijos, a ser prudentes, castas, cuidadosas de su casa, buenas, sujetas a sus maridos, para que la palabra de Dios no sea blasfemada".

De eso se trata *PINK*, nuestro ministerio de mujeres en Gateway. Estamos comprometidas a transmitir las verdades atemporales, no en maneras antiguas que parezcan como un grupo de té de la abuela, sino en maneras que se puedan relacionar con la generación de hoy. Hemos puesto nuestra mirada en celebrar quienes somos como mujeres cristianas y conectarnos mutuamente en amor. Deseamos compartir con las demás lo que hemos aprendido, convertirnos en animadores de aquellas que siguen nuestros pasos, y extendernos para recibir ayuda e instrucción de aquellas que están algunos pasos más adelante.

Yo admito que convertirnos en las mujeres de Tito 2 no es fácil para ninguna de nosotras. En primer lugar, guiar y ser guiada tiene que ver con exponer nuestras debilidades. Si realmente nos vamos a ayudar mutuamente, tenemos que ser sinceras acerca de nuestras propias batallas y nuestro dolor, y no siempre estamos ansiosas por hacerlo. Lo que es más, invertir en otras mujeres toma tiempo. Encontrar una guía divina adecuada requiere de que oremos por ello y busquemos conexiones inspiradas por Dios.

Pero al final, siempre vale la pena el esfuerzo. Mi amiga y pastora asociada del grupo de mujeres de Gateway, Jan Greenwood, a menudo me recuerda ese hecho, debido a que la primer mujer que la guió literalmente cambió su vida. "Yo era como un puercoespín cuando ella se acercó—dice ella—. Era orgullosa y mandona, y en realidad no me gustaban mucho las otras mujeres. Ahora me pregunto cómo es que ella logró romper mis barreras. Pero de alguna manera lo hizo, casi en maneras casuales, solo visitándome o invitándome a caminar. Durante dos años, siendo amable conmigo y no siendo religiosa, ella me enseñó muchas cosas. En ese tiempo yo no lo sabía, pero ella me estaba guiando. Ahora miro en retrospectiva hacia esa temporada y me doy cuenta de que fui transformada desde adentro hacia fuera en mis encuentros con ella".

Definir la feminidad

Todas las que deseamos ser mujeres llenas de gracia necesitamos el tiempo de ánimo que Jan recibió de su primera mentora preciosa. Hay ataques provenientes de todos lados hacia nuestra feminidad. A la vez, estamos viviendo en días en que no hay patrones fijos que seguir.

Hemos alcanzado la mayoría de edad en tiempos revolucionarios en que las mujeres están tomando más decisiones que nunca antes. A diferencia de nuestra madre y abuelas, estamos comprando casas propias, dirigiéndonos a corporaciones y trabajando en curas para el cáncer. Estamos preparando la cena, calmando al bebé que llora y teniendo una teleconferencia con una junta directiva a la vez. Estamos llevando cascos y guantes de trabajo tan a menudo que las empresas de herramientas están diseñando herramientas específicamente para mujeres.

En muchas maneras, este es un tiempo fabuloso para ser mujer. Pero también es un tiempo complicado. De hecho, sin la dirección de Dios, puede volverse completamente confuso.

Hace años me lo recordaron cuando leí el libro *Love Has a Price Tag* [El amor tiene precio], de Elisabeth Elliot. En él, ella compartió que una vez les dio a sus alumnos de universidad la inusual tarea de definir *feminidad* en tan pocas palabras como fuera posible. Su descripción de cómo lucharon los hombres y las mujeres con el desafío me intrigó tanto que lo tomé para mí.

Luego de buscar y buscar en mi corazón y en mi mente una definición apropiada, finalmente obtuve una respuesta. ¿Está lista? Redoble de tambores, por favor: Debido a que como mujeres somos hechas asombrosa y únicamente por Dios, *¡la feminidad es vivir en todo el esplendor para el que Dios nos creó!*

Lo cual nos lleva de vuelta a Eva.

Como la primera dama original y nuestra primera mentora bíblica, Eva, nos mostró que como mujeres estamos sobre todo creadas para ser generadoras de vida: concebir, llevar, producir y alimentar aquello que avivará al mundo. Dios ha entretejido en nuestro ADN la capacidad de dar a luz y de ser madres, no solo física sino también espiritualmente. Como lo he descubierto tanto en la Biblia como a partir de la experiencia, es una capacidad que nunca perdemos.

Yo di a luz a mi último hijo hace veintidós años, pero he estado "embarazada" desde entonces. He llevado visiones de todo tipo y las he amamantado hacia la madurez. Y no planeo detenerme nunca. Dar vida está divinamente engranado en mí, tal como lo está en mi hija Elaine. Yo lo vi surgir en ella cuando era solo una niña pequeña. Era apenas grande para caminar, apenas podía hablar, y a pesar de ello se convirtió en madre. Ella llevaba una muñeca bebé a donde iba, la atendía, se preocupaba por ella y la amaba. Nadie le enseñó a Elaine a hacerlo. Eso simplemente estaba *en* ella.

Así como está en todas nosotras.

Es un llamado maravilloso. Yo no podría cambiarlo por nada. Pero, como ya lo he dicho, no es fácil. El proceso entre la concepción y el nacimiento puede ser incómodo. A menudo toma más tiempo y es mucho más difícil de lo que esperamos. Algunas veces en medio de él podemos sentirnos muy solas.

Es por ello que estoy escribiendo este libro. Porque aunque podamos sentirnos muy solas en el camino hacia nuestra sala de partos metafórica, llevando en nuestro interior las esperanzas y los sueños, y las visiones que hemos sido llamadas a traer a la vida, nunca estamos solas de verdad. Dios está ahí para apoyarnos tan verdaderamente como estuvo para apoyar a Eva. Él siempre aparece para apoyar a sus hijas cuando más lo necesitan. Nos ama en una manera únicamente dulce, y sabe como nadie más cómo ayudarnos a dar vida, y a darla con gracia.

Como si no fuera suficiente, también nos ha dado algo más: nos ha dado a las demás. Nos ha unido como creyentes en el Señor Jesús y nos hizo parte de la misma familia espiritual. Nos ha unificado en el Cuerpo de Cristo y nos ha dado la oportunidad como hijas de Dios para caminar y crecer junto a las demás, para ser las hermanas, ayudadoras y amigas espirituales que la primera dama del Huerto del Edén nunca tuvo. Espero que su vida ya esté llena de tales mujeres. Oro por que usted ya esté rodeada de mentoras de la vida real que se vean con usted para tomar café, tener tiempos de caminata que le cambien la vida, o la llamen por teléfono. Pero si usted no las tiene, no necesita desanimarse. Como lo supe hace muchos años, Dios ha provisto. Él nos ha dado al más grande mentor en el Espíritu Santo y ha llenado las páginas de su Palabra con mujeres que pueden enseñarnos lecciones de gracia toda la vida.

Ahora, mirando hacia atrás, puedo ver cuán lejos han llegado esas lecciones para mí. Ellas me han introducido a una vida que jamás habría soñado posible. Todavía tengo que avanzar más, pero a medida de que continúo mi viaje, yo sé que esas asombrosas mujeres de la Biblia siempre estarán ahí para ayudarme. Confío en que en las páginas de este libro, a medida que las recorramos juntas, usted encontrará que ellas también la ayudarán.

Cuando Dios interrumpe

Ser usadas por Dios a pesar de nuestras deficiencias

Entonces María dijo: He aquí la sierva del Señor; hágase conmigo conforme a tu palabra. Y el ángel se fue de su presencia.

LUCAS 1:38

Cuando se trata de los *principios* básicos para poblar el planeta, parece que la gente principalmente sigue sus instintos. No necesitan demasiada inspiración para hacer el trabajo. Aunque un poco de información acerca del proceso puede ser de ayuda, en el sentido literal y físico las mujeres a menudo logran embarazarse sin mucha dirección.

Producir vida en un sentido divino, sin embargo, es un asunto completamente distinto. Involucra más que seguir nuestras inclinaciones biológicas y meramente dejar que la naturaleza siga su curso. Para concebir y dar a luz las visiones, los sueños y los llamados dados por Dios, nosotros debemos desarrollar fuerza espiritual, y mucha. Debemos aprender a rendirnos al poder sobrenatural de Dios e ignorar nuestras inseguridades, y abrazar lo imposible por la fe.

En otras palabras, debemos seguir el ejemplo de una de las mujeres más famosas de la Biblia: María, la madre de Jesús.

¡Hablando de mujeres llenas de gracia y dadoras de vida! María tuvo el privilegio de producir el sueño divino más grande que nadie jamás pudo concebir: el Hijo unigénito de Dios, el Salvador y Redentor del mundo.

La mayoría de nosotras hemos escuchado la historia de María tantas veces que la subestimamos. La cantamos en la Navidad sobre plataformas, vestidas como querubines de preescolar con batas blancas. La actuamos en las obras de la natividad de la iglesia. Escuchamos una y otra vez acerca del ángel que le dijo a María el plan de Dios y de que ella respondió con una afirmación tan simple y tan llena de fe que se ha repetido durante siglos: "He aquí la sierva del Señor; hágase conmigo conforme a tu palabra".

De niños no comprendíamos la gravedad de esta declaración. Para nosotros es simplemente una línea de un concurso de Navidad. Incluso de adultos, a veces pensamos en ello de esa manera. Pero María nunca pensó así. Para ella, esa fue una declaración crucial de fe que le cambió la vida para siempre.

Es verdad, cuando lo dijo, ella no comprendía completamente las implicaciones eternas. Ella no previó la magnitud del plan de Dios de redención, y el honor que ella recibiría en las generaciones futuras, por causa de su parte en ese plan.

No, el día en que María entró en su destino divino, ella era una chica ordinaria que llevaba su vida muy parecido a usted y yo en nuestro día más ordinario. Ella era la típica joven con sueños normales: se estaba preparando para casarse, comenzar una familia y vivir feliz para siempre. Pero Dios interrumpió esos sueños ordinarios y le dio una visión mucho más grande, una visión que no solamente pareció irrazonable, sino completamente escalofriante. De hecho, era una visión tan intimidante que una de las primeras cosas que dijo el ángel cuando se le apareció para decirle al respecto, fue: "No temas" (Lucas 1:30).

Personalmente, estoy agradecida por esas palabras. Ellas me recuerdan que María era muy parecida al resto de nosotros. Cuando ella vislumbró por primera vez el gran plan que Dios tenía para ella, su respuesta natural fue retraerse en temor. ¿Y quién podría culparla? ¡Solo piense en lo que ella estaba escuchando!

> Y ahora, concebirás en tu vientre, y darás a luz un hijo, y llamarás su nombre Jesús. Este será grande, y será llamado Hijo del Altísimo;

y el Señor Dios le dará el trono de David su padre; y reinará sobre la casa de Jacob para siempre, y su reino no tendrá fin.

Entonces María dijo al ángel: ¿Cómo será esto? pues no conozco varón.

Respondiendo el ángel, le dijo: El Espíritu Santo vendrá sobre ti, y el poder del Altísimo te cubrirá con su sombra; por lo cual también el Santo Ser que nacerá, será llamado Hijo de Dios.

—LUCAS 1:31-35

Aunque el mensaje del ángel estaba lleno de propósito divino, María debió haberse tambaleado con las potenciales consecuencias. Después de todo, ella sabía lo que en la sociedad judía les sucedía a las mujeres que no se casaban y se embarazaban misteriosamente. Ella sabía que la gente de su comunidad nunca le creería que estaba llevando un hijo divino.

Cuando su futuro le pasó por la mente, María debió haberse imaginado las insinuaciones y las sospechas que la rodearían en los años por venir. Al imaginar la confusión que turbaría el rostro de sus amigos y familiares, seguramente se preguntó: *¿Qué irán a pensar?* Ella debió haber pensado, mientras se retorcía por el dolor de la humillación y el dolor que su prometido José sentiría: *¿Qué haremos?*

En aquellos momentos desconcertantes, María podría haber pensado en varias razones para huir de lo que Dios le estaba pidiendo. Ella pudo haber gemido, como muchas de nosotras somos tentadas a hacerlo muy a menudo: "¡Esto es demasiado para mí! ¡No puedo con ello! ¡Tengo miedo!".

Pero no lo hizo.

En lugar de ello, se atrevió a creer que Dios podía tomar a una chica bastante ordinaria como ella y hacer algo extraordinario a través de ella. En uno de los más grandes actos de fe que se registran en la Biblia, con humildad reconoció que en sí misma no era nadie especial, luego puso su vida completamente en las manos de Dios, confiando en que Él la ayudaría a convertirse exactamente en lo que Él le había dicho que sería.

Cuando sea reclutada... láncese

"Pero era María, la madre de Jesús—dirá usted—. ¡Ella era especial!".

Sí, lo era. Pero debido a que también era una mujer real de carne y hueso, ella puede ser una poderosa mentora para nosotras. Debido a que ella enfrentó el mismo tipo de problemas e inseguridades que usted y yo enfrentamos, su fe puede ser nuestra inspiración.

Como mujeres, la mayoría de nosotras necesitamos un ejemplo como el de María para ayudarnos a creer que Dios puede usarnos en cualquier manera significativa. No tenemos problema para creer que Dios puede utilizar a las demás, pero cuando nos miramos a nosotras mismas, todo lo que vemos son nuestras deficiencias e incapacidades. De manera que nos aferramos con toda nuestra fuerza a nuestras zonas de comodidad, tendemos a quedarnos con lo que nos viene naturalmente. Nos encogemos ante el llamado de Dios a levantarnos y nos negamos a decir: "¡Sí, Señor! Soy tu sierva. ¡Úsame como desees!".

Yo soy la primera en admitir que eso me sucede muy a menudo. Me parece fácil creer que Dios puede usar a mi esposo. Cuando comenzamos la iglesia Gateway, por ejemplo, yo no dudaba en que Dios la bendeciría. ¡Mi emoción se disparó y mi fe bramó en acción mientras me encontraba en la línea lateral echándoles porras a Dios y a Robert! Pero cuando llegó mi turno, me sentí completamente diferente. Al ser enfrentada con la dirección del ministerio de mujeres, mi emoción se escapó. Mi fe flaqueó. Luché con la idea de que Dios me usara, porque yo me conocía muy bien a mí misma. Conocía mis debilidades y las deficiencias de mi carácter. Podía ver todas las razones por las que no calificaba.

Cuando le recordé al Señor mis deficiencias, sin embargo, no se impresionó con ellas. Me reclutó de todas formas. Como ya lo mencioné, es así como me sentí al principio. Era como si hubiera sido convocada a filas a un llamado para el que no estaba preparada. Como si hubiera sido reclutada para hacer algo que nunca imaginé que haría.

Es una experiencia común. Posiblemente usted pueda identificarse con ella. Posiblemente se ha sentido forzada a una carrera o a un ministerio retribuido, porque tiene que trabajar por razones financieras.

Posiblemente se ha sentido introducida a la maternidad con los resultados inesperados de la prueba de embarazo. Si es así, usted sabe tan bien como yo que los planes que Dios tiene para nosotras no siempre encajan con nuestras ideas preconcebidas. En lugar de sernos ofrecidos como una opción, a menudo llegan como avisos de reclutamiento y nos llevan en una dirección que no esperábamos tomar.

No obstante, por más incómodo que eso nos sea, Dios nos conduce en esas direcciones por nuestro propio bien. Lo hace para poder brillar sobre nosotras, en nosotras y a través de nosotras en la vida de los demás. Y me he dado cuenta de que al lanzarnos a sus planes, siempre podemos encontrar el más grande gozo.

Desde luego, me tomó mucho tiempo descubrirlo. (Continúo descubriéndolo muchos años después). Incluso después de aceptar a regañadientes mi llamado al ministerio de mujeres, inicialmente lo tomé solamente como una tarea temporal. *Llenaré el hueco hasta que alguien más apropiado venga,* razonaba, *luego renunciaré discretamente.* Después de algunos años, eso fue lo que hice. Decidí que mi misión se había terminado y retrocedí a un papel más cómodo: la casa, tras de bambalinas.

¡También estoy feliz por ello! Me gustó mi zona de comodidad y pude permanecer ahí durante aproximadamente un año. Determinada a no entrometerme en un ministerio que había entregado, intenté permanecer fuera de él y ocuparme de mis asuntos. Pero hay algo acerca de los avisos de reclutamiento de Dios: mientras usted esté comprometida a llevar a cabo su voluntad, estos siguen apareciendo. La siguen a dondequiera que vaya.

Supongo que es por ello que, aunque renunciara oficialmente al ministerio de mujeres, este continuó importándome. De manera que cuando observé que el ministerio se estaba desviando de su visión prevista, decidí mencionárselo a Robert. (¡Mala idea!). Teniendo su atención un día en el almuerzo, expuse mi caso. "Querido, estoy preocupada. Deseo compartir con el equipo de mujeres acerca de la dirección que creo que deben estar tomando, pero no tengo la autoridad de cambiar ni una sola cosa", le dije.

Tomó su celular, abrió el teclado y comenzó a escribir.

"Robert, ¡estoy tratando de expresarme!—le dije—. ¿Por qué no me estás escuchando?".

No me respondió. Solo seguía escribiendo.

Luego de terminar de escribir, yo estaba completamente indignada y le pedí que justificara la interrupción. "¿Entonces qué era tan importante?".

—Solamente estaba haciendo una nota para reincorporarte como la pastora de mujeres—respondió.

—¡Qué qué, espera! Ni siquiera estoy segura si deseo hacerlo—argumenté. Pero aunque lo dijera, yo sabía que mi argumento no sobreviviría. Dios me estaba llevando de nuevo hacia el sueño de bendecir a las mujeres, un sueño que Él me había llamado a concebir, cargar y dar a luz. Esta vez, sin embargo, no deseaba hacerlo solo porque mi esposo me lo hubiera pedido. Yo deseaba recibirlo por fe como parte de mi destino divino. De manera que en lugar de resistirme, me lancé. Acepté el ministerio de mujeres como la visión que Dios tenía para mi vida y dije en mi corazón: "Te pertenezco, Señor, en espíritu, alma y cuerpo. Hágase conmigo como dices". Cuando me lancé sucedió algo sobrenatural: el favor y la bendición de Dios vinieron sobre mí para capacitarme para llevar a cabo lo que Dios deseaba que hiciera. Yo sé que no fue porque sintiera una emoción espiritual especial, o porque hubiera sucedido algo inusual, sino porque Proverbios 8:33-35 dice:

> Atended el consejo, y sed sabios,
> Y no lo menospreciéis.
> Bienaventurado el hombre que me escucha,
> Velando a mis puertas cada día,
> Aguardando a los postes de mis puertas.
> Porque el que me halle, hallará la vida,
> Y alcanzará el favor de Jehová.

El favor de Dios siempre yace en su Palabra. De manera que cuando recibimos en fe las instrucciones que Él tiene para nosotras, su favor también viene sobre nosotras. Eso es lo que sucedió con María y es lo que me sucedió a mí. Cuando tomé el llamado de Dios para mi vida, recibí y favor y la gracia para caminar en él. Aunque ningún ángel se manifestó para anunciármelo, en ese momento, Lucas 1:45 se aplicó a mi vida tal como le sucedió a María: "Y bienaventurada la que creyó, porque se cumplirá lo que le fue dicho de parte del Señor".

Proteja la visión

Si nada más creer fuera suficiente para producir la plenitud de los sueños y destinos divinos, la historia de María pudo haber terminado ahí. Podríamos apreciar su inspiradora declaración de fe y buscar a otra mentora que nos enseñara qué hacer después. Buscaríamos a alguien más que nos mostrara cómo tomar los sueños que Dios ha puesto en nuestro corazón y cargarlos hasta que sucedieran.

Pero gracias a Dios, la historia de María no terminó ahí. Ella no solamente hizo una declaración de fe y luego regresó a su rutina normal. Ella no asumió con indiferencia que había terminado su parte del plan de Dios, y luego le dejó todo lo demás a Él. En cambio, fue directo a la acción. Empacó su maleta y se fue de la ciudad.

> En aquellos días, levantándose María, fue de prisa a la montaña, a una ciudad de Judá; y entró en casa de Zacarías, y saludó a Elisabet.
>
> —Lucas 1:39-40

¿Por qué María se dirigió a la casa de Elisabet?

María sabía que Elisabet la apoyaría en fe, porque ella también había recibido recientemente una palabra del Señor. Justo meses antes de la visitación angélica de María, un ángel le había hablado al esposo de Elisabet, Zacarías, anunciándole que luego de años de esterilidad, Elisabet y él tendrían un hijo en su vejez. Eso sonaba imposible. Pero milagrosamente, la promesa ya estaba en proceso de suceder. Elisabet estaba embarazada.

Siendo una mentora y animadora ideal, Elisabet apreció la magnitud de lo que María estaba enfrentando. Como una mujer mayor que llevaba ropa de maternidad y tenía una barriga de bebé, ella sabía de primera mano cómo era preguntarse lo que la gente podría estar pensando y susurrando a sus espaldas. Ella se identificó con María en una manera muy personal.

Aunque ya era más experimentada y madura, Elizabet no se metió en el embarazo de María con la perspectiva de una vieja matrona experta. Ella no arquearía las cejas escéptica y demandaría saber en qué tipo de travesuras se había metido María. No, Elisabet comprendió la maravilla sobrenatural de la situación. Durante meses su propia barriga había estado agitándose por dentro, tal como la de María con el milagro de la nueva vida. Ella también se había embarcado en el viaje que Dios había ordenado. Solo algunos pasos más adelante que su joven familiar en el emocionante camino de la maternidad, ella estaba perfectamente equipada para ser una vibrante confidente, guía y amiga.

Las mujeres como Elisabet son maravillosas mentoras. Ellas llenan y dan en maneras que se alimentan a sí mismas y les dan vida a los demás. Debido a que están viviendo en una palabra que se aplica al *ahora*—una palabra que Dios les habló—, ellas conocen a Dios, le creen y tienen una vida llena de fe. Pero, como Elisabet lo demostró, tales mujeres no tienen que ser productos terminados para bendecirnos. Ellas mismas todavía pueden estar en el proceso.

¿Eso es para animar? ¿No está usted alegre de saber que no tenemos que tener toda la vida arreglada para ser buenas mentoras? No tenemos que tener cincuenta años de matrimonio bajo el cinto, a nuestros hijos grandes y una carrera exitosa para animar a otras mujeres en una determinada etapa de la vida. Solamente necesitamos estar a un paso o dos más adelante de ellas para poder ofrecerles unos cuantos consejos que ellas pueda encontrar útiles a medida que se encuentren con los obstáculos que nosotras hemos encontrado y vencido.

Continúe esperando lo imposible

Una vez que María recibió y protegió la visión, ella procedió a llevar a cabo lo que toda mujer que desee dar a luz debe hacer: continuó esperando. En términos naturales, no hace falta ser un genio para descubrirlo. Pero espiritualmente hablando, hay más qué pensar al respecto. Cuando estamos embarazadas de un sueño divino o nos encontramos en el proceso de producir una palabra sobrenatural de Dios, no debemos continuar esperando nada más: ¡debemos continuar esperando por lo imposible! Debemos sobrepasar nuestras limitaciones y atrevernos a creer día tras día que "nada hay imposible para Dios" (Lucas 1:37).

Eso no significa que ignoremos los hechos. No significa que no tengamos preguntas cuando vemos los problemas que estamos enfrentando. María ciertamente lo hizo. Ella sabía perfectamente que, de acuerdo con la ley natural, las vírgenes no pueden embarazarse, de manera que hizo la pregunta lógica: "¿Cómo será esto? pues no conozco varón" (versículo 34).

El ángel respondió y le explicó que el niño no sería hijo de un hombre, sino el Hijo de Dios. Él sería el cumplimiento de la profecía de Isaías: "He aquí que la virgen concebirá, y dará a luz un hijo" (Isaías 7:14), por el poder del Espíritu Santo. Por lo tanto, ¡lo que María vio como una limitación (su virginidad) en realidad era su calificación!

Lo mismo puede suceder en nuestra vida. Aquellas cosas que asumimos que nos descalifican para cumplir el llamado de Dios, son a menudo las que nos califican para ello. Nuestras debilidades humanas y limitaciones naturales le dan a Dios la oportunidad perfecta de mostrársenos fuerte.

A menudo me gusta recordarme esto cuando me piden hablar en público, porque mis limitaciones en ese aspecto son terriblemente obvias. No tengo ninguna aptitud natural para ello. Al haber sido tímida siempre, tomé una clase de oratoria en la preparatoria, porque mi madre dijo que algún día la necesitaría, lo cual yo pensé que era una idea absurda. No necesito decir que no tomé la clase con seriedad y terminé tan torpe como comencé. De manera que cuando hablo frente a un grupo y el Señor me ayuda, Él se lleva toda la gloria, porque todo mundo sabe que no lo puedo hacer en mis fuerzas.

Reconoceré que me tomó un tiempo desarrollar esa actitud. (De hecho, todavía estoy trabajando en ello). Durante años, cuando Robert y yo viajábamos a iglesias para ministrar, la gente me pedía que enseñara en reuniones de mujeres o dirigiera un estudio bíblico, pero yo lograba evitarlo. *Ciertamente, Dios no esperaría eso de mí,* razonaba. *¡Sería irrazonable! Él conoce mis limitaciones.* En una de mis caricaturas favoritas aparece un chico de escuela que está cara a cara con su maestra, frente a un pizarrón lleno de problemas matemáticos incompletos. Con la boca completamente abierta, su rostro lleno de frustración, el chico está gritando: "¡Yo no soy una persona poco eficiente! ¡Usted espera demasiado!".

Aunque algunas veces sentimos que Él es así, Dios no espera demasiado. Él conoce la grandeza de su propio poder. Él conoce las cosas asombrosas que puede llevar a cabo en nosotras y a través de nosotras. Aunque en nosotras mismas no tengamos la capacidad de lograr lo que Él está pidiendo, Él puede equiparnos y darnos poder para hacer todas las cosas en Cristo que nos fortalece (Filipenses 4:13).

Para que Él lo haga, sin embargo, nosotras debemos dejar nuestras suposiciones negativas. Debemos dejar de enfocarnos en las imposibilidades. Dios utiliza a gente que no está impedida por lo que supone que el Señor no puede hacer. Solo piense en los milagros que sucedieron porque…

- Josué no supuso que el sol no podía detenerse.
- Eliseo no supuso que un hacha no podía flotar.
- Pedro no supuso que no podía caminar sobre el agua.
- Jesús no supuso que los muertos no podían ser resucitados.

La fe espera lo imposible antes de que suceda. La fe cree lo que aún no puede ver. Para tener el tipo de fe que transformará un matrimonio arruinado, traerá de vuelta al Señor a un hijo obstinado o cambiará la derrota en triunfo, nosotros debemos estar seguros de la victoria, incluso cuando no haya ninguna señal visible de ella.

"Pero Debbie—puede protestar usted—, ¡yo no tengo ese tipo de fe!". No se preocupe. Mientras tenga una Biblia, usted puede obtenerla, porque "la fe es por el oír, y el oír, por la palabra de Dios" (Romanos 10:17). Sin embargo, para que su fe sea eficaz, usted debe sacar de su vocabulario las palabras *no puedo*. Estas son dos de las palabras más destructivas del cristianismo. Ellas representan un gran peligro para la Iglesia, porque evitan que Dios nos use. Frustran lo sobrenatural de nuestra vida.

¡No es de sorprenderse que el diablo utilice tanto estas dos palabras! No es de sorprenderse que él comience temprano en nuestra vida, notificándonos todas las cosas que no podemos hacer. Incluso de vez en cuando, sin embargo, a alguien no le llega el memorando del diablo. Tome a Marvin Pipkin, por ejemplo. Él era un joven ingeniero que trabajó hace muchos años en General Electric, y a él y a algunas otras personas recién contratadas de la empresa sus superiores engreídos les indicaron que encontraran una manera de congelar bombillas de adentro hacia fuera. La tarea estaba destinada a ser una broma, porque todo mundo sabía que era imposible. Es decir, todos menos Marvin. Aunque era un novato en la industria (o muy optimista) para poder hacerlo, lo llevó a cabo. No solamente congeló las bombillas por dentro, también desarrollo un fuerte ácido que fortalecía materialmente la bombilla. Nadie le había dicho que no podía hacerse, de manera que lo hizo.

Desde luego, no todos los que vencen el complejo *no puedo* tienen la misma ventaja que tuvo Marvin Pipkin. Mucha gente comienza conociendo bien las imposibilidades con las que se están enfrentando. A Helen Keller, por ejemplo, le informaron directamente que nunca podría escaparse de la prisión del dolor y la debilidad. "Ah, bien—respondió ella—, hay mucha vida que puede encontrarse en las limitaciones, si no se agota uno de eliminarlas". Luego procedió a llevar a cabo cosas que todos los demás asumían que eran imposibles. A aquellos que le preguntaban cómo lo había hecho, ella les aconsejaba: "Enfrenta tus deficiencias y sé consciente de ellas, pero no dejes que ellas te dominen".

Einstein habría estado de acuerdo con ese consejo. Sin poder hablar hasta los cuatro años y sin poder leer hasta los siete, se negó a dejar que su aparente incapacidad de aprendizaje lo desanimara. Lo mismo podría decirse de Beethoven, cuyo maestro de música evaluó su habilidad y anunció: "Él no tiene esperanza como compositor". Considere a Thomas Edison, cuyos maestros dijeron que era tan tonto que nunca podría aprender nada. Y luego está Walt Disney, quien fue despedido por un editor de diarios, ¡porque no era considerado suficientemente creativo!

La siguiente vez que se sienta tentada a dejar que sus diferencias la detengan de dar un paso en fe, piense en estas personas. Ellos le recuerdan que Dios es un Dios de lo imposible. Él se especializa en utilizar tanto nuestras habilidades como nuestras incapacidades en maneras sobrenaturales para su gloria.

- Él partió el mar Rojo…pero solo después de que Moisés levantó el brazo.
- Permitió que Pedro caminara sobre el agua…pero solamente después de que descendió del barco.
- Favoreció a María con la concepción de su amado Hijo…pero ella tuvo que creerlo primero.

Lo que mi maestra de básquetbol no pudo enseñarme

Antes de dejar a María y visitar a otras mentoras, hay una cosa más que mencionar acerca de ella. Es algo que ella hizo y que no se resalta específicamente en la Escritura, no obstante es algo muy importante como para pasarlo por alto: María se dedicó completamente a la visión que se le había dado. Ella se dedicó a ello con su corazón y su alma. Ella continuó creyendo, protegiendo y esperando hasta que la visión se cumplió.

Si deseamos ser mujeres dadoras de vida, debemos aprender a hacer lo mismo. Debemos desarrollar la devoción que nos inspire a perseverar con entusiasmo hasta que la promesa de Dios se cumpla.

Cuando yo estaba en la preparatoria, mi entrenadora de básquetbol, como muchos entrenadores, se refería con regularidad a la "devoción". Ella hablaba acerca de la devoción al deporte, al equipo, al alma máter, entre otras cosas. ¿Pero sabe usted qué es lo que realmente me enseñó al respecto?

Nada.

Lo que me enseñó acerca de la devoción fue el matrimonio.

La devoción es inspirada por el amor, y el matrimonio es una relación de amor. A mí me gustaba el básquetbol, pero no me encantaba. De manera que ya no soy jugadora de básquetbol. Sin embargo, después de más de treinta años todavía estoy casada con Robert Morris. Estoy más dedicada a él ahora que nunca…porque lo amo.

El amor es la motivación detrás de la verdadera devoción. Por lo tanto, para estar dedicadas a la visión que Dios ha puesto en nuestro corazón, primero que nada debemos amar a la Fuente de la visión. Debemos cultivar y mantener una relación con Él. De hecho, cuando nos enamoramos perdidamente del Señor, la visión deja de ser nuestra meta final, y, en lugar de ello, fijamos nuestro corazón en nuestra relación con el Dador de la visión. Estamos dispuestas a hacer lo que Él pida, no por el bien de la visión, sino solo para Él.

Así es el amor. En mi matrimonio con Robert he descubierto que me estiraré más allá de mi zona de comodidad para hacer algo que él desee que yo haga, simplemente porque lo amo. Aunque no soy conocida por mis habilidades en la cocina, si Robert dijera: "Deb, realmente me bendecirías si te dedicaras a las artes culinarias", yo esperaría lo imposible, me inscribiría a clases y comenzaría a ir por el camino de la cocina.

Luego de las primeras lecciones, desde luego, estaría tentada a renunciar. Y podría ceder a la tentación, si todo lo que tuviera para sostenerme fuera mi visión de ser chef. Yo diría: "¡Olvídalo! No estoy llamada a cocinar. Estoy llamada a pedir comida para llevar". Pero debido a que mi objetivo real es amar a mi esposo, yo no diría esas cosas. Me sobrepondría y regresaría a las clases de cocina.

Esta es una verdad que nunca debemos olvidar: el amor es la fuerza sustentadora detrás de todos los destinos, las visiones y los sueños ordenados por Dios.

Estos son concebidos a través de una relación íntima con nuestro Creador. Son desencadenados en nuestro interior a través de un romance divino con nuestro Señor. Esperamos lo imposible por amor. Protegemos las promesas que Dios nos ha dado por amor. Nos dedicamos a aquello para lo que hemos sido llamados divinamente a producir y nos apegamos a ello hasta el final, todo por amor.

María pudo decir: "Te pertenezco, Señor, en espíritu, alma y cuerpo. Hágase conmigo conforme a tu palabra", porque ella amaba a Dios. Al seguir su hermoso ejemplo, nosotras podemos tomar el depósito divino que Dios ha colocado en nuestro corazón y llevarlo a término. Podemos dar a luz, no al Mesías real que ella dio a luz, sino su carácter, sus promesas y sus planes.

Han pasado más de dos mil años desde que la historia de María se escribió por primera vez, no obstante continúa conociéndose ahora por la vida que ella llevó. Al vencer sus inseguridades y aceptar el plan de Dios para ella, dejó que Dios fuera Dios en ella. Dios quiera que podamos seguir su ejemplo y declarar: *Señor, te pertenezco en espíritu, alma y cuerpo. Hágase conmigo conforme a tu palabra.*

El misericordioso arte de dejar ir

Quitemos de nuestros hijos y sueños nuestras manos posesivas

Por este niño oraba, y Jehová me dio lo que le pedí. Yo, pues, lo dedico también a Jehová; todos los días que viva, será de Jehová. Y adoró allí a Jehová.

1 SAMUEL 1:27-28

Vacío. Parpadeando para secar las lágrimas que amenazaban con arruinar el momento, miré de nuevo el remolque que estaba enganchado al parachoques de nuestro coche, aguardando el largo viaje de vuelta a Texas. Justo dos días antes, nuestra familia lo había llenado por completo con el feliz revoltijo de ropa, muebles que no hacían juego, toallas, blancos y quién sabe qué otras cosas que mi hijo Josh necesitaría para su nueva vida en la universidad. Ahora, con su misión cumplida, el remolque vacío hervía bajo el sol de Florida, tan vacío como el nido proverbial al que Robert y yo nos dirigíamos.

¡Un nido sin Josh!

De acuerdo, para ser sincera, nosotros ni siquiera calificábamos como candidatos al nido vacío. Nuestro hijo James y nuestra hija, Elaine, todavía vivían con nosotros. Y en trece meses, cuando terminara sus estudios, Josh regresaría también a casa.

Lo que es más, mientras Gateway todavía estaba en su infancia, nosotros estábamos tan ocupados como padres de un recién nacido. De manera que este no necesitaba ser un trauma grave.

Pero no pude evitarlo. Me rondaba como un nubarrón el

pensamiento de la vida diaria sin todos mis hijos bajo un mismo techo. ¡Siempre habíamos disfrutado estar juntos! Aunque yo había disfrutado cada temporada de la vida de mis hijos, esos últimos años en los que ellos casi se habían convertido en adultos y que seguían en casa, habían sido especialmente maravillosos. Nos estábamos divirtiendo mucho. ¡Ahora, todo esto de la universidad—lo cual yo acepté a regañadientes que era una buena idea—había arruinado mi fiesta!

Determinada a no apagar la emoción de Josh, me tragué mis lágrimas. Intenté no pensar en el hecho de que a los dieciocho años continuaba siendo mi bebé; y que nunca había vivido solo. Debido a que la universidad no tenía dormitorios, se estaba mudando a un departamento que había encontrado en la internet. Cuando llegamos y lo vi por primera vez era tan feo que clamé una silenciosa, pero ferviente, oración: *¡Ay, Señor, protege a mi hijo!*

Al forzar una sonrisa, escondí mi recelo y abracé a Josh como si ese abrazo me fuera a durar meses. Ya podía sentir las más de mil millas (1609 km) que separan a Orlando de Southlake y que nos separarían a nosotros. Elaine lo sintió también, de manera que nos aseguramos de no mirarnos mutuamente. Incluso un contacto visual de una milésima de segundo provocaría que nos derritiéramos emocionalmente en proporciones únicamente femeninas. De manera que luego de despedirnos por último de Josh, nos deslizamos juntas en el asiento trasero y miramos sin palabras cada una por su ventana, a medida que el coche salía del estacionamiento. Es un milagro que no se nos acalambrara el cuello, debido a que permanecimos así milla tras milla, con la cabeza mirando en dirección opuesta, mirando a través de cascadas oculares a medida que dejamos Florida atrás. En el asiento delantero, Robert y James parloteaban al estilo de los hombres, mientras detrás de nosotros el remolque vacío repiqueteaba como el vagón vacío de un niño.

Esa noche en la habitación del hotel, Robert me felicitó por mi autocontrol estelar. "Lo lograste muy bien hoy, querida—dijo él—. ¡Ni siquiera lloraste!".

"¿Qué?", le pregunté, observando la expresión de su rostro para ver si estaba bromeando. ¿Cómo podía haber ignorado la tempestad de lágrimas que había rugido a tres pies (1 m) detrás de él durante las seis horas anteriores?

"¡Robert!—le dije— ¡Lloré hasta la frontera estatal!".

Resultó que tanto James como él no se habían enterado. Luego de dejar a Josh con un casual: "Nos vemos", como si lo fueran a ver luego del almuerzo en lugar de un año después, siguieron adelante con sus cosas de hombres. Hacer lo que se necesita. Conducir. Hablar de deportes. ¡Y asumir que el misterioso silencio que nos había envuelto a Elaine a mí de seguro era una señal de que nos habíamos dormido!

No obstante, lo comprendí. Aunque las emociones por la ausencia de Josh los golpearon más tarde, los chicos no lloraron como Elaine y yo, porque ellos no son mujeres. Dios no ha entretejido en su ADN nuestra distintiva inclinación femenina a alimentar y asirnos de las vidas que Dios nos ha confiado a cuidar. Una inclinación que es tan fuerte que a veces se nos dificulta dejar ir, incluso cuando debemos hacerlo.

Se da cuenta de que las madres tienen una tendencia, ¿no? Podemos sentirnos tentadas a aferrarnos demasiado tiempo o demasiado fuerte, no solo de nuestros hijos, sino también de los sueños, los destinos y los llamados que Dios nos da. En nuestra determinación por protegerlos y dirigirlos, podemos dificultar su crecimiento. Podemos confinarlos egoístamente dentro de los límites de nuestros propios deseos y expectativas, como filodendros enormes apretados en macetas pequeñas.

Desde luego, no intentamos causar daño. Como mujeres llenas de gracia, deseamos que la vida que hemos producido florezca y crezca. Deseamos darles la libertad de ser y hacer lo que Dios diseñó para ellos. Pero no siempre es fácil relajar la sujeción maternal. Algunas veces necesitamos ayuda para quitar nuestras manos posesivas de la gente y los sueños que más atesoramos. Necesitamos a otras mujeres santas que nos muestren cómo confiar en el Señor y soltar a nuestros hijos en las manos capaces de Dios.

¿Sabe usted quién ha hecho eso en mí?

Ana, la madre de Samuel.

Cambiar de adentro hacia fuera

Como un ejemplo inspirador de una mujer que aprendió el misericordioso arte de dejar ir, la historia bíblica de Ana comienza de esta manera:

> Hubo un varón de Ramataim de Zofim, del monte de Efraín, que se llamaba Elcana hijo de Jeroham, hijo de Eliú, hijo de Tohu, hijo de Zuf, efrateo. Y tenía él dos mujeres; el nombre de una era Ana, y el de la otra, Penina. Y Penina tenía hijos, mas Ana no los tenía. Y todos los años aquel varón subía de su ciudad para adorar y para ofrecer sacrificios a Jehová de los ejércitos en Silo, donde estaban dos hijos de Elí, Ofni y Finees, sacerdotes de Jehová. Y cuando llegaba el día en que Elcana ofrecía sacrificio, daba a Penina su mujer, a todos sus hijos y a todas sus hijas, a cada uno su parte. Pero a Ana daba una parte escogida; porque amaba a Ana, aunque Jehová no le había concedido tener hijos. Y su rival la irritaba, enojándola y entristeciéndola, porque Jehová no le había concedido tener hijos. Así hacía cada año; cuando subía a la casa de Jehová, la irritaba así; por lo cual Ana lloraba, y no comía.
>
> —1 SAMUEL 1:1-7

Estos versículos revelan un hecho acerca de Ana con el que muchas de nosotras podemos relacionarnos: su sueño de tener un hijo venía envuelto en un tipo muy especial de dolor. Siendo estéril durante años, ella sufrió la vergüenza cultural de no tener hijos. Sufrió tormento y dolor implacables. Su alma anhelaba un hijo; sin embargo, ella no podía concebir. De manera que adoptó la perspectiva común en las primeras etapas de un sueño divino, y vio su sueño como un camino hacia la realización personal, como una manera de obtener lo que deseaba y necesitaba para sí misma.

En otras palabras, Ana asumió lo que todos asumimos en nuestra adolescencia espiritual: que nuestros sueños se tratan acerca de nosotros. Cuando ella clamó al Señor que le diera un bebé, el vacío de su propia vida era su enfoque principal. Y cuando las oraciones no eran respondidas—al no poder pensar nada más que su propio deseo incumplido—, ella cayó en depresión. Se acongojó y lloró, y en sus peores días incluso se negó a comer.

¿Alguna vez ha estado ahí?

De seguro que sí. Yo también.

Con la posible excepción de la parte en que nos negamos a comer (¿qué hay en los sueños aplazados que nos hacen ansiar chocolate?), todas nos regodeamos en autocompasión de vez en cuando. La mayor parte del tiempo ni siquiera tenemos una buena razón como la de Ana. La suya era de verdad una situación trágica. En su día, el valor de una mujer dependía casi exclusivamente de su capacidad de producir bebés. La esterilidad equivalía a la inutilidad. De ahí que el clamor y el sueño de Ana continuaran, hasta que un día ya no lo soportó. Después de demasiadas burlas de Penina, quien se embarazaba todo el tiempo, y otra comida de doble ración para la cual no tenía apetito, se fue sola a la casa del Señor, determinada a convencerlo de que hiciera algo acerca de la situación.

> Y se levantó Ana después que hubo comido y bebido en Silo; y mientras el sacerdote Elí estaba sentado en una silla junto a un pilar del templo de Jehová, ella con amargura de alma oró a Jehová, y lloró abundantemente. E hizo voto, diciendo: Jehová de los ejércitos, si te dignares mirar a la aflicción de tu sierva, y te acordares de mí, y no te olvidares de tu sierva, sino que dieres a tu sierva un hijo varón, yo lo dedicaré a Jehová todos los días de su vida, y no pasará navaja sobre su cabeza.
>
> —1 SAMUEL 1:9-11

¿Se dio cuenta del cambio que hizo en ese momento? Cuando oró, la perspectiva de Ana cambió. En lugar de enfocarse solamente en lo que pudiera obtener *de* Dios, ella comenzó a pensar en lo que podía darle *a* Dios. Aflojó el aferramiento egoísta a su propio deseo y abrió su corazón al plan que Él tenía en mente. En otras palabras, creció un poco.

Eso es lo que siempre sucede cuando producimos vida a la manera de Dios. Maduramos y nos desarrollamos. Comenzamos a mirar más allá de nosotras mismas y lo que deseamos, para ver lo que Dios desea. Es un proceso transformador. Al concebir a nuestros hijos y verlos crecer, nosotros también crecemos.

Y ese crecimiento lo cambia todo.

Ana lo comprobó. En el momento en que ella hizo un cambio interno y dio un paso hacia la madurez espiritual, su historia dio un giro drástico.

> Mientras ella oraba largamente delante de Jehová, Elí estaba observando la boca de ella. Pero Ana hablaba en su corazón, y solamente se movían sus labios, y su voz no se oía; y Elí la tuvo por ebria. Entonces le dijo Elí: ¿Hasta cuándo estarás ebria? Digiere tu vino.
>
> Y Ana le respondió diciendo: No, señor mío; yo soy una mujer atribulada de espíritu; no he bebido vino ni sidra, sino que he derramado mi alma delante de Jehová. No tengas a tu sierva por una mujer impía; porque por la magnitud de mis congojas y de mi aflicción he hablado hasta ahora.
>
> Elí respondió y dijo: Ve en paz, y el Dios de Israel te otorgue la petición que le has hecho.
>
> Y ella dijo: Halle tu sierva gracia delante de tus ojos. Y se fue la mujer por su camino, y comió, y no estuvo más triste.
>
> —Versículos 12-18

Observe que Dios no le otorgó su deseo a Ana hasta que ella le entregó a Dios su deseo. Aunque su sueño de tener un hijo fuera bueno, sano y estuviera inspirado divinamente, antes de que pudiera ser cumplido tenía que ser sometido y rendido al Señor.

Cuando Ana lo rindió, ella no solamente lo hizo en el fervor fugaz del momento. Su compromiso con Dios era sólido como roca. Ella lo decía en serio. Luego de que naciera su precioso hijo Samuel, ella lo mantuvo en casa hasta los tres años de edad. Luego, hizo que el viaje emotivo que realizó nuestra familia de Texas a Florida luciera pálido en comparación. Ella empacó la maleta de su pequeño, tomó su mano e hizo el viaje de diez millas (16 km) desde su casa en Ramá hasta la casa del Señor en Silo. Cuando llegaron, ella se lo llevó a Elí y dijo:

...¡Oh, señor mío! Vive tu alma, señor mío, yo soy aquella mujer que estuvo aquí junto a ti orando a Jehová. Por este niño oraba, y Jehová me dio lo que le pedí. Yo, pues, lo dedico también a Jehová; todos los días que viva, será de Jehová. Y adoró allí a Jehová.

—Versículos 25-28

Con esas palabras, Ana se volteó; y luego de besar a su pequeño en la mejilla una vez más, regresó a casa...sin él. ¿Puede imaginarse cuán difícil debió haberle sido? No solamente decirle adiós a Samuel, sino también dejarlo al cuidado de Elí.

De acuerdo con la Biblia, no era conocido por ser un gran padre. Tenía dos hijos que eran rebeldes, corruptos y completamente profanos. Al servir como sacerdotes bajo la supervisión de Elí, hurtaban los sacrificios de la gente e incluso "dormían con las mujeres que velaban a la puerta del tabernáculo de reunión" (1 Samuel 2:22). No obstante, Elí no hizo nada para detenerlos. Aunque los regañaba un poco, ellos no atendían en absoluto a sus palabras.

Elí difícilmente era el mejor modelo a seguir para el pequeño de Ana; ya había demostrado la desastrosa influencia que podía ser.

¡Qué situación! Si ya sería bastante difícil dejar a su hijo de tres años en manos de un buen hombre, debe preguntarse cómo es que Ana reunió el coraje para dejar a su hijo con un hombre como Elí.

Solamente hay una explicación posible: su confianza no estaba en el hombre, sino en Dios. Ella creyó con todo su corazón que Dios cuidaría y guardaría fielmente a su hijo. Debido a esa confianza, luego de una corta temporada de tener a Samuel cerca, Ana pudo soltarlo a su destino divino.

Lo que ella no hizo, sin embargo, fue abandonarlo. Ella continuó amándolo, como lo hacen las mujeres llenas de gracia, influyendo en él en su propia manera dulce, incluso desde lejos. Ella le cosía un pequeño vestido cada año, luego lo llevaba consigo cuando Elcana y ella viajaban a Silo para adorar. Y cada año, luego de que ella colocara su obra manual sobre los hombros cada vez más anchos de su hijo, Elí bendecía al esposo de Ana, y le decía:

Jehová te dé hijos de esta mujer en lugar del que pidió a Jehová. Y se volvieron a su casa. Y visitó Jehová a Ana, y ella concibió, y dio a luz tres hijos y dos hijas. Y el joven Samuel crecía delante de Jehová.

—1 Samuel 2:20-21

Aunque Ana posiblemente se haya perdido de tener a su primogénito bajo su techo, su nido no estaba vacío. Lleno de las recompensas de su obediencia, su hogar reverberaba con el sonido de las carcajadas de sus hijos y con el estruendo energético de pies en crecimiento. Y rebosaba con las respuestas a las oraciones de Ana: cinco hermosos recordatorios de que no importa cuánto demos, nunca podemos dar más que Dios.

"Bien, esto está bien para Ana —dirá usted—, ¿pero qué hay de Samuel? ¿Cómo resultó?".

Resultó ser uno de los sacerdotes y profetas más grandes de Israel. Se convirtió en una bendición mayor para la gente de lo que Ana pudo haber imaginado. Además regresó a su ciudad natal en Ramá y vivió ahí el resto de su vida.

Piénselo. Samuel eligió Ramá, no Silo.

Aparentemente, aunque la oportunidad de Ana de ser madre de Samuel a tiempo completo fue breve, su influencia dejó una impresión duradera. Su corta temporada de cuidados, prodigados a la manera de Dios y en el tiempo de Dios, impactó a su pequeño más de lo que pudo Elí.

Limpiar la nariz, hacer sus necesidades y las etapas de la vida

¡Oh, cuán agradecida he estado a lo largo de los años por el ejemplo de Ana! Me ha animado en muchas maneras. Como madre joven, luego de darme cuenta de que yo no podía proteger a mis hijos personalmente las veinticuatro horas del día, los siete días de la semana, la historia de Ana me ayudó a estar segura de que Dios era suficiente para cuidarlos todo el tiempo. Yo podía confiar en que Él los cuidaría cuando yo no pudiera. Al enviarlos a la escuela cada día, luego de que Robert y yo orábamos por ellos y le pedíamos a Dios que los guardara del mal, yo podía entregárselos a Él con una completa tranquilidad.

Eso no es para decir que yo esperaba que Dios los protegiera de todas las experiencias negativas. Dios nunca prometió hacer eso. Ninguna de nosotras puede flotar por los días en una biosfera divina, aisladas de los peligros del planeta Tierra. De manera que mis hijos experimentaron los golpes y las sacudidas que vienen junto con el crecimiento. Es bueno que también lo hicieran.

Los baches que los niños encuentran y los dolores infantiles menores que sienten, les ayudan a aprender a acudir a Dios ellos mismos cuando necesitan ayuda. Si nunca se enfrentaran con ninguna dificultad, ellos no desarrollarían la fortaleza para vencerlas. Ellos no se convertirían en los conquistadores que deben ser.

Es por ello que como padres debemos buscar a Dios para obtener el equilibrio correcto a medida que guiemos a nuestros hijos hacia la madurez. Tenemos que evitar la tendencia de ser sobreprotectores, mientras que a la vez estamos ahí para intervenir por nuestros hijos cuando ellos necesiten nuestra ayuda de verdad. Es ciertamente un desafío. Pero durante los años, eso es lo que intenté hacer. Confié en el Señor, les di a nuestros hijos la libertad de crecer y les hice saber que si necesitaban alguien que abogara por ellos podían contar con que yo estaría ahí.

Cuando Josh fue castigado en la escuela primaria por el mal comportamiento de todo su salón, solo porque la maestra pensó que el hijo de un pastor debía ser sujeto a un estándar más alto, me indigné justamente. No objeté que lo castigaran con sus compañeros por hacer algo malo. Pero no me iba a quedar sentada mientras era tomado como chivo expiatorio.

Yo deseaba que mis hijos hicieran lo correcto, porque es lo correcto, y no porque su padre es pastor. De manera que hice lo que necesitaba hacerse. Colocándome en el papel de la madre protectora y guerrera, fui a aclarar el asunto con la maestra.

¿Haría lo mismo por Josh ahora?

Desde luego que no. Llega un momento en que resulta inapropiado intervenir de tal manera. Usted tiene que discernir la temporada de prodigar cuidados a sus hijos. Al principio, cuando son pequeños, usted está involucrada cien por ciento. Usted es todo para ellos. Les limpia la nariz. Los lleva a hacer sus necesidades. Pero a medida que crecen, usted comienza a dejarlos a cargo de esas cosas. Cuando se trata de limpiarles la nariz y hacer sus necesidades, usted deja que ellos se encarguen. Ni siquiera les pide que le cuenten cómo les fue. Asumiendo que no tener noticias es una buena noticia, usted da por sentado que todo está funcionando bien.

Posiblemente eso suene tonto, pero es verdad: cada vida que producimos pasa por diferentes etapas. De manera que tenemos que aprender cuándo proteger y dar nuestro todo, y cuándo soltar y darles la oportunidad de crecer de acuerdo con el plan de Dios. Sin importar si esa vida es un hijo, un ministerio, un proyecto, un negocio o algún otro sueño dado por Dios, nosotros debemos darnos cuenta de que llega un momento en que ya no podemos proyectar en él nuestros propios deseos. Debemos dejar que tome su propia personalidad y siga su propio camino ordenado por Dios.

He estado en ese proceso con nuestro ministerio femenil. Cuando retrocedí por primera vez en Gateway, me encontraba completamente consumida por él. Mi asistente y yo intercambiábamos correos electrónicos en las horas más extrañas de la noche, porque en ese momento, el ministerio era como un bebé. Necesitaba cien por ciento de mi atención. Demandaba cuidado y alimento constantes.

Ahora las cosas han cambiado. Ya no envío correos electrónicos a media noche. El ministerio ha crecido. Se encuentra en una senda sólida. La intensidad de mi participación ha disminuido, porque tengo un grandioso equipo de mujeres dotadas y ungidas ayudándome. Meter la nariz en todo lo que está sucediendo e intentar controlarlo todo sería malsano. Ahora nos encontramos en una temporada diferente.

Las etapas y las temporadas de crecimiento son algo que mi esposo comprende bien. Él sabe cómo iniciar un aspecto del ministerio y luego soltarlo cuando llega el tiempo adecuado para que alguien calificado lo lleve al siguiente nivel. Él le da libertad a esa persona para que lleve a cabo la visión, pero lo hace sin abandonarla. Le proporciona apoyo y le pide cuentas sin ser un microgerente.

Esa es una de las claves del éxito de Gateway. Nosotros no habríamos podido crecer tan rápido si Robert se hubiera sentido obligado a conocer y controlar todo lo que estaba sucediendo. Los diferentes elementos de la iglesia—cosas como nuestros ministerios de libertad, mayordomía y adoración—no podrían haberse expandido y madurado como lo han hecho, si él los hubiera sostenido rígidamente. ¿Qué le permite delegarles tales responsabilidades vitales a los demás con una tranquilidad tan completa? Él tiene algo en común con Ana. No depende de la gente en realidad para asegurarse de que todo resulte bien. Finalmente, él depende de Dios. Tiene una exorbitante confianza en Dios.

Yo como líder, intento seguir su ejemplo. Me propongo crear un ambiente de confianza y apoyo para que aquellos que trabajan para mí puedan desarrollarse y crecer. Les comparto mis valores, mi perspectiva y mi visión; pero tan pronto como los miembros de mi equipo están listos, los dejo extender sus alas. Cuando Robert y yo viajamos, les digo: "Me voy a ir durante un tiempo. Pueden ponerse en contacto conmigo si de verdad me necesitan, pero no sientan que deben consultarme cada decisión. Solo oren y sigan la dirección del Señor ustedes mismos. Cuando regrese, apoyaré cualquier decisión que hayan tomado. Si pienso otra cosa al respecto, se los haré saber".

Mi meta es crear la misma atmósfera de amor y confianza que como madre intenté proporcionarles a mis hijos. Yo nunca deseé que ellos temieran cometer un error. Deseaba que ellos se sintieran seguros sabiendo que si habían hecho su mejor intento, yo los apoyaría. Si ellos se equivocaban en algo, en lugar de criticarlos o menospreciarlos, los animaba y los capacitaba para que pudieran hacerlo mejor la siguiente ocasión.

En la casa, en la iglesia, en la oficina y en todos lados, he encontrado que este principio permanece: si nosotros alimentamos con la mano abierta y ponemos en Dios nuestra confianza, las preciosas vidas que están bajo nuestra influencia tendrán mucho espacio para crecer.

Haga eso...no haga esto

Aunque he aprendido mucho de Ana, ella no es la única mentora que me ha enseñado el poder de la influencia de una madre y la importancia de dejar ir con misericordia. Hay otra mujer en la Biblia que también me enseñó. Su nombre es Atalía, y ella me ha ayudado en la forma en que los artículos de qué hacer y qué no hacer de las revistas de moda ayudan a la gente a pulir su sentido de estilo.

Usted ha visto esas fotos, ¿verdad? Definitivamente valen más que mil palabras, estas muestran lo que está bien...y lo que está mal en lugar de decirlo.

"*Sí* póngase esto".

"*No* se ponga eso".

Sí póngase los tacones de aguja con el vestido de noche. *No* se ponga las sandalias. (¿O las sandalias van con todo estos días? No recuerdo). *Sí* vista de mezclilla. *No* se ponga licra.

Aunque la mayoría de los editores de moda posiblemente lo ignoren, ese es un método de enseñanza que se originó en la Biblia. De veras. Las Escrituras están llenas de imágenes de gente que hizo las cosas a la manera de Dios...y gente que no. Aquellos que lo hicieron bien...y aquellos que lo hicieron mal. Las imágenes de la Biblia están capturadas a modo de historias, desde luego. No son fotos en realidad. Pero si lo fueran las de Ana de seguro tendrían encima la palabra *Haga esto*.

Por otro lado, las de Atalía estarían resaltadas con un grande *¡No lo haga!*

Como el polo opuesto de Ana, Atalía sobresale como una de las mujeres más malas que menciona la Biblia. Nacida en el evidentemente maligno linaje del rey de Israel, Acab, ella surgió a la notoriedad cuando su hijo, Ocozías, se convirtió en rey de Judá. Su trágico reinado duró solamente un año y terminó con su muerte, porque:

> También él anduvo en los caminos de la casa de Acab, pues su madre le aconsejaba a que actuase impíamente. Hizo, pues, lo malo ante los ojos de Jehová, como la casa de Acab; porque después de la muerte de su padre, ellos le aconsejaron para su perdición.
>
> —2 Crónicas 22:3-4

Creo que estos son algunos de los versículos más tristes de la Biblia. Es desgarrador pensar que una madre, conducida por su propio pasado perverso, influiría en su hijo en maneras tan terribles que su consejo terminaría matándolo. No obstante, Atalía lo hizo. Y, si eso no fuera suficientemente malo, una vez que su hijo estaba muerto y ya no podía servir a sus ambiciones egoístas, "se levantó y exterminó toda la descendencia real de la casa de Judá" (2 Crónicas 22:10).

Luego ella tuvo un reinado impío hasta que fue derrocada y ejecutada seis años después.

Yo sé lo que usted debe estar pensando. Está pensando qué podría tener en común una mujer cristiana con Atalía.

Se sorprendería.

Cuando hablamos de lazos familiares, todas comenzamos en la misma situación que ella. Antes de entregarle nuestra vida a Cristo, Satanás mismo era nuestro padre espiritual. ¡Hablando de un linaje maligno! Nosotros tenemos lo peor que hay.

Es cierto que ahora somos salvas y somos parte de una nueva familia espiritual. Dios es nuestro Padre y Satanás ya no tiene autoridad sobre nosotras. Pero eso no significa que el diablo haya dejado de influir en nosotras. ¡No lo ha hecho! Continúa haciendo todo lo que puede para intentar engañarnos para que pensemos y actuemos como si fuéramos sus hijas. Utilizando influencias negativas de nuestro pasado, nos empuja a perpetuar sus acciones y patrones malignos de pensamiento, no solamente en nuestra propia vida, sino también en la vida de nuestros hijos, nuestros empleados y las personas que impactamos cada día.

Mis padres fueron de los mejores del mundo, de manera que me imagino que si esto sucede conmigo, sucede con todo el mundo: todos entramos a la paternidad con un pasado negativo. Todos recogemos los rasgos y las tendencias indeseables de los familiares, los maestros y las otras personas con las que crecimos. Si no somos conscientes de estas tendencias, cometeremos involuntariamente el error que Atalía cometió. Lo pasaremos a nuestros hijos. Inyectaremos los efectos dañinos de nuestro pasado en las vidas que estamos produciendo en el presente.

A diferencia de Atalía, sin embargo, no lo hacemos de manera evidente. (No es probable que construyamos altares idólatras en la sala de estar). Lo hacemos más sutilmente, a través de palabras, actitudes y hábitos negativos. ¿Alguna vez ha notado que nuestros hijos siempre adquieren lo que desearíamos que no adquirieran? ¡Parece que ellos absorben las cosas negativas mucho más fácilmente que las positivas!

Eso es algo de lo que yo tuve que estar especialmente consciente con mi hija, Elaine.

Meses antes de que naciera, Robert y yo estábamos mirando un episodio de *Yo amo a Lucy*. Mientras nos reíamos de las payasadas de Lucy, de pronto me vino un pensamiento: *¿Qué sería criar a una niña pelirroja empecinada?*

Me di cuenta cuando llegó Elaine. Ella me desafió desde que era pequeña. Yo la vestía con un atuendo lindo, pero ella soltaba una rabieta hasta que yo se lo quitaba. No me di cuenta del peligroso antecedente que yo estaba estableciendo: las batallas madre e hija por la ropa habían comenzado y, a los seis meses, ¡ella ya estaba ganando!

La personalidad guerrera e intrépida de Elaine era lo contrario a la mía. Sin un solo hueso tímido en su cuerpo, ella era más como su padre en todo, no en la nueva versión mejorada postsalvación de su padre, sino en la versión no salva y malgeniosa.

Sus dos hermanos despreocupados y obedientes rara vez se metían en problemas en la escuela. Pero Elaine lo compensó. En su primera semana en el jardín de infancia, ella no solamente se peleó con los bravucones de su salón (dos hermanos gemelos), ¡sino que también los derrotó! Su "premio" fue un viaje a la oficina del director. La misma semana, ella le informó a la maestra que ella se encargaría del grupo. Confiada de que era competente para hacerlo (después de todo, ella había estado alineando a sus muñecas y enseñándoles durante años), Elaine se ofendió bastante cuando su oferta fue rechazada.

Es posible que yo no supiera mucho acerca de criar a una chica pelirroja empecinada entonces, pero una cosa me era muy clara: yo no podía lograr que Elaine fuera como yo. Si yo deseaba que ella fuera quien debía de ser, la persona que Dios creó para que fuera, yo no podía proyectarme en ella. No podía transmitirle mis propios temores e inseguridades. No podía decirle que fuera callada y que se quedara en la parte trasera como yo solía hacerlo. Ella es una líder natural, una comunicadora nata. Las antiguas ideas religiosas con las que yo crecí (por ejemplo: "Las mujeres no deben hablar en la iglesia", la habrían frustrado por completo).

De manera que yo sabía lo que tenía que hacer. Tenía que lidiar con las heridas de mi propia alma, para que no terminara infligiéndolas en ella. La gente herida, hiere a la gente. La gente sana, sana a la gente. Entre más sana sea nuestra alma, nuestra influencia será más pura. De manera que yo tenía que estar sana. Tenía que lidiar con el dolor de mi pasado para asegurarme de que en mi hija no dejara las cicatrices que había dejado en mí.

Sin duda, usted se siente de la misma manera. No desea envenenar los sueños dados por Dios con las sobras de su propio quebranto. Usted no desea transmitirles las limitaciones del ayer a las vidas que está produciendo hoy: a sus hijos e hijas, a las mujeres que guía, a los empleados que buscan su dirección. Usted desea colocarlos en un lugar donde maduren sin obstáculos. Al darles un consejo santo y darles poder para triunfar en todas las etapas de la vida, ¡usted desea ayudarlos a crecer!

Entonces, tome consejo de Atalía. Mire a su alrededor y revise el fruto que está produciendo en las vidas que ha estado alimentando. Tómese el tiempo de lidiar con el dolor de su pasado. Y de vez en cuando, solo para medir, mire de nuevo la foto bíblica de la mentora que usted *no* desea ser. Por otro lado, fijemos una representación de Ana en nuestro corazón. Que sirva como un recordatorio para orar por nuestros hijos y los sueños de Dios, para protegerlos y soltarlos.

Nunca le dé la espalda a una mujer de Dios

Confronte al maligno de frente

Porque en mano de mujer venderá Jehová a Sísara.

JUECES 4:9

A primera vista, parece que ella pertenece a una novela de misterio más que a las páginas de la Biblia: parada, con un mazo en la mano, junto al cuerpo sin vida de un hombre que acaba de matar al atravesarle una estaca por la sien. Anunciándole sin remordimiento a quienes se han acercado a buscarlo: "Aquí está. ¡Yo lo maté!".

La mayoría de la gente estaría rápidamente de acuerdo que Jael no encajaría exactamente en el estereotipo de una mujer de Dios llena de gracia. Pero eso solo sirve para mostrarles que hay más de esas mujeres de lo que piensa la gente. Ellas no son, como dice el viejo dicho en inglés, solo "las niñas están hechas de azúcar y especias y de toda cosa buena". Ellas también pueden estar armadas y ser peligrosas. Pueden ser tan valientes como son bellas, y tan fuertes como son suaves. Aunque son dadoras de vida por naturaleza, cuando se trata de lidiar con un enemigo malvado, las mujeres santas pueden ser completamente letales.

Es por ello que Satanás siempre les ha temido. El diablo descubrió hace mucho tiempo que justo cuando piensa que tiene bajo control a una mujer, ella puede voltearle las cartas. Puede levantarse contra él y convertirse en vencedora en lugar de víctima. Al infligirle destrucción al destructor, ella puede liberar generaciones enteras.

Como una chica de Dios, a mí me gusta imaginarme que Satanás tiene su propio dicho acerca de nosotras, uno que no tiene nada que ver con azúcar y especias. Me gusta pensar que él dice: "Nunca le des la espalda a una mujer de Dios".

Una cosa es segura: alguien debió habérselo dicho a Sísara.

Desde luego, incluso si hubiera recibido alguna advertencia, probablemente no habría escuchado. Siendo el comandante militar cananeo del ejército del rey Jabín, Sísara se habría burlado de la idea de que una mujer le causara problemas. ¿Qué mujer en la Tierra se pondría contra sus multitudes de soldados y carrozas de hierro? Toda la nación de Israel se había acobardado bajo su opresión durante veinte largos años. Él había cortado las rutas de comercio, ahorcado su economía y llevado a la nación a arrodillarse. ¿Por qué le temería al pueblo de Dios, especialmente a las chicas?

Es una buena pregunta. Y también tiene una buena respuesta.

Como nos dice la Biblia en Jueces 4, el pueblo rebelde de Israel se cansó del acoso de Sísara. Se arrepintieron y "clamaron a Jehová" (versículo 3), y él los escuchó.

Posiblemente Sísara no lo sabía, pero él tenía una razón muy importante por la cual tener miedo.

Mucho miedo.

Su ejército no tenía ninguna posibilidad. Su poder impío sobre Israel estaba destinado a ser sacudido por una colisión que lo golpearía de frente con un hecho espiritual invariable: el punto de inflexión de toda opresión llega cuando el pueblo clama a Dios.

Esto sucedió con Israel y sucede con la gente en la actualidad. Buscar al Señor con un corazón arrepentido y pedirle ayuda es el primer paso hacia la libertad. Cuando reconocemos que estamos equivocados y que deseamos cambiar, Dios siempre nos libera. Él nos da poder para vencer, incluso en los desafíos más grandes. Nos respalda con su propio poder sobrenatural y nos permite derrocar a nuestro opresor. Y para quienes somos mujeres, bien, digamos que Dios puede darle un significado completamente nuevo a la frase *pelea como niña*.

Sísara puede comprobarlo. Su peor pesadilla comenzó con una mujer guerrera de Dios llamada Débora. Como profetiza israelita, ella comenzó la revuelta que terminó con la muerte de Sísara al enviar por un guerrero llamado Barac y transmitirle la palabra del Señor:

Y ella envió a llamar a Barac hijo de Abinoam, de Cedes de Neftalí, y le dijo: ¿No te ha mandado Jehová Dios de Israel, diciendo: Ve, junta a tu gente en el monte de Tabor, y toma contigo diez mil hombres de la tribu de Neftalí y de la tribu de Zabulón; y yo atraeré hacia ti al arroyo de Cisón a Sísara, capitán del ejército de Jabín, con sus carros y su ejército, y lo entregaré en tus manos?

Barac le respondió: Si tú fueres conmigo, yo iré; pero si no fueres conmigo, no iré.

Ella dijo: Iré contigo; mas no será tuya la gloria de la jornada que emprendes, porque en mano de mujer venderá Jehová a Sísara. Y levantándose Débora, fue con Barac a Cedes.

—JUECES 4:6-9

Como puede ver en la última frase del pasaje, Débora no era la única mujer de la que tenía que preocuparse Sísara. Otra mujer igual de peligrosa había sido destinada por Dios para terminar lo que comenzó Débora.

Su nombre era Jael.

Ella era la mujer a quien Sísara acudió por ayuda cuando Débora y el ejército de Barac de diez mil israelitas se levantaron contra él. Es irónico, pero es verdad: un día, el Señor envió sus tropas y masacró "a todo su ejército, a filo de espada delante de Barac" (versículo 15), Sísara huyó a pie—apresurado por salvar su propio pellejo—directo a la tienda de Jael.

En ese momento, la lógica de Sísara era coherente. Él pensó que debido a que Jael era la esposa de un hombre ceneo que tenía pacto con Jabín, probablemente ella le proporcionaría un lugar para esconderse. Al salir de su tienda para recibir al guerrero agotado por la batalla, Jael le dijo exactamente lo que él deseaba escuchar:

Y saliendo Jael a recibir a Sísara, le dijo: Ven, señor mío, ven a mí, no tengas temor. Y él vino a ella a la tienda, y ella le cubrió con una manta.

Y él le dijo: Te ruego me des de beber un poco de agua, pues tengo sed. Y ella abrió un odre de leche y le dio de beber, y le volvió a cubrir. Y él le dijo: Estate a la puerta de la tienda; y si alguien viniere, y te preguntare, diciendo: ¿Hay aquí alguno? tú responderás que no.

—Versículos 18-20

La respuesta de hospitalidad que Jael le dio a Sísara resulta extraña para alguien que hemos escogido como mentora, ¿no lo cree? O sea, de verdad, ¿qué tipo de mujer le abre la puerta a un tirano, le ofrece bocadillos y lo arropa para que tome una siesta? ¿Qué tipo de mujer esconde al enemigo en privado, mientras que en público afirma que no lo ha visto y todo está bien?

Las mujeres como nosotras, esas mujeres.

Todas lo hemos hecho una u otra vez. Hemos acogido al enemigo de nuestra alma e intentado mantenerlo escondido. Hemos dejado que el pecado secreto se escurra en nuestros pensamientos y actitudes. Al sufrir en el interior por la opresión de Satanás, hemos sonreído por fuera y pretendido que nada está mal.

No es de sorprenderse, entonces, que Jael decidiera hacer lo mismo. Al menos durante un tiempo. Hasta que, ejerciendo la prerrogativa de una mujer, ella decidió cambiar de opinión.

La Biblia no nos dice exactamente qué provocó ese cambio. Posiblemente mientras vio durmiendo a Sísara, roncando en su tienda, ella comenzó a pensar en su crueldad para con los israelitas durante los veinte años anteriores. Posiblemente ella recordó con cada vez más indignación cómo los había atacado y asesinado cuando no podían defenderse; cómo había robado su propiedad y capturado y violado a sus mujeres. Posiblemente ella se imaginó el rostro de sus amigos israelitas y contempló los lazos históricos de su familia con su nación. Después de todo, su esposo era descendiente del suegro de Moisés (los ceneos y los hebreos habían estado ligados durante generaciones).

Cualquier cosa que Jael haya razonado la llevó a esta conclusión: ella no le debía nada al cananeo llamado Sísara, quien había maltratado al pueblo de Dios durante tantos años. Él no era su amigo. Él era su enemigo, y merecía ser derrotado. Alguien tenía que ponerle fin a este reino despiadado.

La pregunta era: ¿quién?

Barac y sus soldados no podían hacerlo. Si buscaban la tienda de

Jael sin el permiso de su esposo, sería considerado como un insulto hacia sus amigos ceneos. Protegido del ejército de Israel, Sísara estaba a salvo y cómodo. La única manera de detener esta opresión era que Jael le pusiera fin.

A decir verdad, lo mismo sucede con usted y conmigo. Nosotras somos las únicas que podemos extinguir al enemigo que está descansando en nuestra alma. Solamente nosotras tenemos el poder de deshacernos de él. Otras personas pueden acercarse y ayudar, pero nadie más puede hacerlo por nosotras. Finalmente, de nosotras depende que decidamos que ya es suficiente de jugar a ser la anfitriona del opresor, ser honestas acerca del problema que nos ha causado y utilizar la Palabra de Dios para darle un golpe mortal.

Eso es precisamente lo que hizo Jael.

Desde luego, con una diferencia. Debido a que su batalla era literal, ella necesitaba un arma física y no solamente un arma espiritual para ganarla. Al mirar alrededor de su tienda, ella encontró justo lo que necesitaba: su mazo. Como una mujer cenea responsable de montar las tiendas de habitación, ella lo había utilizado incontables veces para introducir las estacas de la tienda en el suelo. Ella sabía cómo blandirla con velocidad y precisión. Ella lo tomó, fijó la mirada en su malvado invitado y se dijo: *¡Este es un nuevo día!*

Pero Jael mujer de Heber tomó una estaca de la tienda, y poniendo un mazo en su mano, se le acercó calladamente y le metió la estaca por las sienes, y la enclavó en la tierra, pues él estaba cargado de sueño y cansado; y así murió. Y siguiendo Barac a Sísara, Jael salió a recibirlo, y le dijo: Ven, y te mostraré al varón que tú buscas. Y él entró donde ella estaba, y he aquí Sísara yacía muerto con la estaca por la sien.

Así abatió Dios aquel día a Jabín, rey de Canaán, delante de los hijos de Israel (versículos 21-23).

Uno más Dios es mayoría

Cuando Jael mató al enemigo que estaba escondido en su tienda, ella no solamente se liberó a sí misma; también liberó a una nación. Emancipó a generaciones. Cuando seguimos su ejemplo, nosotros también lo hacemos. Nuestras victorias personales sobre el pecado y sobre Satanás afectan a nuestro esposo, nuestros hijos e incluso a nuestros nietos. Cuando conquistamos al opresor de nuestra vida, animamos a otros creyentes a hacer lo mismo. De ahí que sea tan vital que identifiquemos al enemigo y le pongamos un alto. Cuando él viene a robar, matar y destruir, nosotros debemos estar determinadas a tomar la Palabra de Dios y echarlo al suelo.

Yo no siempre supe que una victoria tal fuera posible. De hecho, durante años no tuve idea de que fuera necesario. Al haber crecido en una denominación que en gran parte ignoraba las actividades de Satanás (y de hecho también al Espíritu Santo), yo ni siquiera me daba cuenta de que tenía a un enemigo trabajando en mi contra. Intenté ser la mejor cristiana que podía. Pero si no reconocemos que estamos en una batalla, es muy difícil ganar. De manera que pasé la primera parte de mi vida cristiana perdiendo bastante, sin siquiera saberlo.

Con eso no digo que estuviera involucrada en algo especialmente impactante. Al ser criada para ser lo que podríamos llamar una "buena chica", principalmente caí presa de los pecados del tipo de las "chicas buenas". El orgullo, por ejemplo. No el orgullo que dice: "Mírame, ¡soy mejor que todos los demás!"; sino la versión que se preocupa y se pregunta: *¿Qué está pensando la gente de mí? ¿Me vestí bien? ¿Estoy siguiendo el protocolo correcto? ¿Estoy diciendo lo correcto, estoy dejando una buena impresión?* Era una forma opresiva de autoenfoque que me mantenía ocupada, barnizando lo exterior, mientras ignoraba lo que más importaba: lo interno, lo del corazón (1 Pedro 3:4).

Yo continuaría atada a ese tipo de opresión hoy si nunca hubiera aprendido a identificar al enemigo detrás de ella. Pero, por la gracia de Dios, pude hacerlo. En la Biblia encontré que Satanás es muy real y está mucho más activo de lo que me habían enseñado a creer; y me gustara o no, yo me encontraba en medio de una guerra espiritual.

Cierto, cuando Robert y yo lo descubrimos por primera vez, nos dejamos llevar un poco más de lo debido. Al igual que muchos cristianos, cuando conocen acerca de la guerra espiritual, veíamos al enemigo en todos lados. El semáforo se ponía en rojo cuando estábamos de prisa y reprendíamos al enemigo. El pan para la cena se quemaba y era culpa de Satanás.

Sinceramente, al principio me alarmó que él tuviera tanto poder.

Él no tiene tanto poder, desde luego, como me di cuenta más tarde. A medida que estudiaba las Escrituras, comencé a comprender que aunque Satanás sea un enemigo formidable en muchos aspectos, no le llega a los talones al Espíritu Santo que mora en mí para darme poder y enseñarme. En medio de una batalla, el Espíritu Santo puede susurrarme perspicacia. Puede traerme a la memoria la Palabra de Dios. Al armarme con la espada del Espíritu, Él puede hacerme sentir como Jael con el mazo y la estaca: una mujer poderosa de Dios contra el enemigo agotado de la batalla.

Tales revelaciones me animaron grandemente. *¡El Espíritu Santo le quita la ventaja al enemigo!*, pensé. *Él nivela el campo de batalla espiritual.*

Eso sonaba bien entonces. Pero no era del todo correcto. Cuando aprendí más acerca del poder de la Palabra y de mi Ayudador, el Espíritu Santo, me di cuenta de que la batalla no está nivelada en absoluto. Está un poco inclinada a mi favor. Debido a que, a través de Cristo, Satanás ya ha sido vencido, mi victoria está asegurada. Si tan solo me mantengo firme y utilizo mis armas, ¡la guerra ya está ganada!

Con cinco pies y tres pulgadas de altura (1.60 m), posiblemente solo sea una chica pequeña, pero puedo destruir al ejército del enemigo, ¡porque uno más Dios es mayoría!

De hecho, todas necesitamos cultivar esa actitud, porque como mujeres de Dios, nuestro trabajo es matar al enemigo de nuestra alma, no solo una vez como lo hizo Jael, sino una y otra, y otra vez. Para nosotras, y para todos los creyentes, caminar en libertad es un proceso. La obtenemos continuamente, una victoria a la vez. Al estar involucradas en una batalla perpetua con un enemigo determinado a oprimirnos, nunca podemos sentarnos y decir que lo hemos logrado. Nunca podemos afirmar con razón que hemos asegurado toda la libertad que vamos a necesitar.

En cambio, siempre debemos estar en una búsqueda. Debemos recordar continuamente que Satanás es un tirano despiadado, peligroso y persistente. A él le encanta explotar nuestra indefensión, nuestra capacidad para proveerle a nuestra familia y la santidad de nuestro hogar. No podemos permitirnos entretenerlo un momento,

¡ni siquiera en secreto! De manera que cuando nos encontremos bajo su influencia en algún aspecto de nuestra vida, debemos clamar a Dios como lo hicieron los israelitas. Debemos buscar al Señor y pedirle que nos muestre cómo es que el enemigo ganó acceso, y lo que debemos hacer para clavarle la estaca en su cabeza.

"¿Qué si Satanás me caza a través de la acción de alguien más?", se puede preguntar usted. "¿Qué si me encuentro bajo opresión, porque he sido victimizada por otra persona que me trató injustamente?".

Entonces, la primera estaca que necesitará es el poder del perdón, porque la libertad no es para víctimas, es para vencedoras. Y el único paso para dejar de ser víctimas y ser vencedoras cuando hemos sido heridas, es perdonar a la persona que nos hirió.

Puede sonar difícil, pero podemos hacerlo. La Biblia nos asegura que debido a que Dios nos ha perdonado a nosotros, nosotros podemos perdonar a los demás. Sí, posiblemente tengamos que orar al respecto, lo sé por experiencia propia. Hubo un momento en mi vida en que me sentía tan maltratada que me parecía imposible perdonar. Intenté hacerlo una y otra vez, pero en cuestión de horas (o a veces tan solo minutos) me encontraba echando chispas de resentimiento otra vez.

Al reproducir mentalmente la injusticia que había sufrido, yo argumentaba mi caso en un juzgado imaginario. Yo declaraba mi inocencia (por la centésima vez) y presentaba la evidencia contra quienes me habían dañado. Con gran satisfacción, me imaginaba el golpe del mazo del juez cuando declaraba su veredicto contra ellos: *¡Culpables!*

Luego, un día, Jimmy Evans, anfitrión del programa de televisión *Marriage Today* [El matrimonio hoy], y pastor de Trinity Church de Amarillo, Texas, predicó en Gateway un mensaje acerca del perdón. Describiendo un incidente similar en su vida, compartió cómo Dios le había enseñado que al orar por la persona que lo había maltratado pudo liberarse de la aversión y la falta de perdón que sentía hacia esa persona. ¡Yo no deseaba escuchar eso! Pero me tragué mi enfado y puse en práctica el principio. Cada vez que me atrapaba volviendo a abrir el caso en mi juzgado mental, oraba.

Confesaré que mis primeras oraciones no eran lindas. Oraba cosas como: *Dios, muéstrales sus caminos malvados y sé bueno cuando los aniquiles.* Pero con el tiempo cambió mi corazón. Mi actitud se suavizó. De verdad comencé a amar a la gente que me había lastimado. Comencé a desear que ellos triunfaran y prosperaran, y mis oraciones lo reflejaban.

Fue entonces cuando supe que era libre.

¿Qué hay bajo esa frazada?

Al lidiar con el enemigo de nuestra alma, no siempre tenemos la ventaja que tuvo Jael. Ella conocía muy bien al enemigo que estaba acogiendo. Ella sabía quién era Sísara y lo que iba a hacer antes de que ella lo invitara a entrar en su tienda. Él no se escurrió ni se escondió bajo la frazada, mientras ella estaba sacando la hierba mala de su tienda. Él no se disfrazó de vendedor de aspiradoras y la convenció de que no tenía intenciones de dañarla.

Satanás, sin embargo, lleva a cabo eso todo el tiempo. Se escurre en nuestra vida cuando no estamos poniendo atención. Se desliza sobre nosotros tan sutilmente que apenas podemos darnos cuenta de que está ahí. Como un maestro engañador, se cubre de mentiras. Opaca la luz de nuestra alma para poder oprimirnos en la oscuridad sin ser visto.

Es por ello que en nuestra búsqueda de libertad debemos pedirle a Dios que haga por nosotros lo que pidió David en Salmos 13:3:

Mira, respóndeme, oh Jehová Dios mío; alumbra mis ojos, para que no duerma de muerte.

¡Esa es una oración poderosa! Yo la uso en mi propia vida cuando estoy buscando un nivel mayor de libertad. Me ayuda a identificar áreas en las que el enemigo ha estado escondiéndose. Le abre la puerta al Señor para mostrarme los pecados a los que he estado ciega, de manera que pueda arrepentirme y obedecer.

Como ya lo hemos establecido ahí es donde siempre comienza la verdadera libertad: con arrepentimiento y obediencia. Yo he asistido a los servicios de liberación más dramáticos que puede imaginarse. He escuchado a personas que le gritan al diablo y los he visto vomitar en bolsas de papel. ¿Pero sabe qué? Al terminar esos servicios, yo salía pensando: *Mi Dios es más grande que eso.* Él no necesita teatralidad para liberarnos. Todo lo que Él necesita es un corazón sincero que clame a Él por ayuda. Todo lo que Él necesita es que nosotros le pidamos que abra nuestros ojos y luego que nosotros hagamos lo que Él nos muestra que hagamos.

En mi propia vida, la temporada más poderosa de liberación que jamás he experimentado vino a través de un pequeño libro lleno de preguntas de búsqueda del alma. Diseñado para desafiar a los creyentes a examinar su vida y sincerarse con el Señor acerca del pecado escondido, preguntaba cosas como: "¿Tiene algún problema con la mentira?". (Luego añadía: "Sea sincero").

Debido a que yo anhelaba ser libre de toda la opresión del diablo, me tomé con seriedad esas preguntas. Con la ayuda del Espíritu Santo, comencé a identificar las debilidades y las fortalezas de mi vida. Luego, como instruía el libro, les pedí a otros creyentes que oraran conmigo acerca de aquellas debilidades y fortalezas. Fue algo humillador, pero Santiago 5:16 dice: "Confesaos vuestras ofensas unos a otros, y orad unos por otros, para que seáis sanados". Yo lo hice. Abrí los lugares escondidos de mi corazón a los que nadie más podía entrar a menos que lo invitara.

Todavía me asombra cuánto ha cambiado mi vida ese simple proceso. Me llevó a un nivel nuevo de libertad, habiéndole encajado una estaca al enemigo de mi alma.

¿Eso significa que salí terminada y arreglada para siempre? ¿Podría sacudirme las manos y decir: "¡Ya terminé! ¡Soy libre para siempre!"? Definitivamente no. Aunque progresé bastante en esa temporada, siempre hay más batallas que pelear y más territorio que conquistar.

Hace dos años me acordé de ello en una manera fresca. En un momento en que a Robert y a mí nos estaban sucediendo cosas grandiosas en el ministerio, una gran tormenta sopló en nuestra vida personal: perdí a mi papá. Nuestros hijos tuvieron tiempos difíciles. Robert y yo estábamos escribiendo un libro acerca del matrimonio, estábamos ocupados con la iglesia y viajando mucho. Las presiones se incrementaron por todos lados, y yo comencé a desmoronarme.

Nadie lo sabía, desde luego. Desde afuera, yo lucía bien. De manera que tuve que tomar una decisión. ¿Ignoraría el resentimiento y las frustraciones que se estaban germinando en mi interior? ¿Optaría por participar en juegos religiosos y pararme en la entrada de mi tienda, saludando y sonriéndole a la gente, pretendiendo que todo estaba bien? ¿O tomaría la crisis por la fuerza, me sinceraría conmigo misma, con Dios y con otro creyente, y utilizaría la situación como una oportunidad para echar al enemigo y obtener un mayor grado de libertad?

Elegí lo último. Con un profundo suspiro, hice lo que animo a los miembros de nuestro personal y a nuestra congregación a hacer cuando están batallando: entré a la oficina de la pastora del ministerio de libertad y le pregunté si tenía algunos minutos para hablar.

Ah, cómo esperaba que ella respondiera a mi flujo emocional encogiendo los hombros, sonriendo y dándome palmadas en la espalda. Cómo deseaba que me dijera: "¡No hay nada de qué preocuparse! Cualquiera se sentiría igual en tu situación".

Pero no lo hizo. En cambio me dijo: "Creo que necesitamos hablar más al respecto. ¿Puedes regresar?".

Ay no. No era una buena señal.

Por más que me negara a admitirlo, yo sabía que tenía razón. De manera que fui a verla varias veces durante los meses siguientes. A medida que hablábamos, descubrí que la tormenta con que me había encontrado en realidad no era el problema. Eso solo había descubierto algunas áreas en las que necesitaba cambiar mi perspectiva. Como una ráfaga de viento que levanta el mantel en un día de campo, había levantado las fundas de mi alma y expuesto algunos otros Sísaras durmientes.

Ni siquiera me había dado cuenta de que estaban ahí. Pero una vez que los identifiqué, les clavé una estaca e hice los cambios necesarios, entré a un lugar más alto de fuerza y sabiduría. Tomé una nueva perspectiva espiritual, no solo por mí misma, sino por las demás personas, ahora y para los años posteriores.

Al seguir los pasos de Jael, yo le inflígí una jaqueca mayor al enemigo, y le recordé cuán peligrosas pueden ser las chicas.

El propósito de Dios
era para bien

Encuentre propósito en medio del dolor

Entonces llamó el nombre de Jehová que con ella
hablaba: Tú eres Dios que ve.

GÉNESIS 16:13

A partir de la perspectiva de Grady, mi nieto de cuatro años,
el incidente era calificado como una grave injusticia. Un delito
que se había cometido en su contra. Él había sufrido un golpe inmerecido (aunque por unas manos muy pequeñitas), y deseaba que se
hiciera algo al respecto.

No importa que desde el punto de vista de un adulto la ofensa pudiera parecer menor. Aunque no se comparaba con una escala mundial de injusticia a lo que le sucedió a los empleados de Enron o a
los inversionistas que se quedaron sin fondos por el escándalo de los
préstamos hipotecarios de alto riesgo, para Grady esto era importante. Los principios de equidad que todo niño pequeño comprende,
habían sido violados: él había jugado cordialmente con su hermana
pequeña, pero ella *no* había jugado agradablemente con él.

Frente a mí como un delator en miniatura que testificaba ante el
Congreso, me dio el conciso informe: "¡Gigi, Willow me pegó!".

Yo pensé de inmediato que Willow, quien siempre está de buen
genio, no había infligido ningún daño físico real. A los dieciocho
meses, difícilmente se le puede calificar como una boxeadora profesional. Pero yo no deseaba insultar lo que Grady percibía claramente

como una herida. De manera que reprimí una risita y le di la oportunidad de evaluar su condición.

"¿Estás bien?", le pregunté con seriedad.

Él apretó los labios y lo pensó un momento, revisando si podía identificar algún rasguño por fuera que empatara la herida que sentía por dentro. Al no encontrar ninguno, él se dio cuenta de que había salido del altercado físicamente ileso.

—Sí, estoy bien—admitió—. ¿Pero le vas a decir que no me golpee otra vez?

—Seguro que lo haré—respondí.

Satisfecho, Grady regresó a jugar con Willow. Sus pequeños hombros ya no colgaban bajo el peso de un daño indebido, había recibido las dos cosas que necesitaba: en primer lugar, la gobernante de su vida (quien en ese momento era yo) había visto y reconocido su dolor. En segundo lugar, él había recibido la promesa de un futuro más justo.

Reconocimiento y justicia. Cosas importantes. No solo para Grady, sino para todas nosotras. Ya sea que tengamos cuatro años o cuarenta, cuando la vida nos trata injustamente y nos deja heridas, todas deseamos que alguien importante que se dé cuenta de nuestro sufrimiento. Cuando las circunstancias nos sirven una desconcertante tanda de desilusión en lugar de solo postres, deseamos que alguien aclare las cosas. Anhelamos que una persona con poder intervenga a nuestro favor a medida que clamamos con nuestro corazón herido por la traición: "¡Yo no merecía esto!".

Es un clamor familiar, especialmente aquí en Estados Unidos, donde la mayoría asumimos que merecemos bastante. Posiblemente se deba a que crecimos sabiendo que tenemos el derecho inajenable a la vida, la libertad y la búsqueda de la libertad, o posiblemente sea algo más. Pero cualquiera que sea la razón, como estadounidenses tendemos a esperar estar exentos de cualquier tipo de injusticia. A pesar de nuestra extensa evidencia de lo contrario, despertamos cada mañana vendidas a la noción de que siempre y cuando juguemos limpio con las Willow de nuestra vida, ellas jugarán limpio con nosotras.

Asumimos que si trabajamos duro, no seremos despedidas. Si les somos fieles a nuestro esposo, nunca enfrentaremos el divorcio. Si somos buenas madres, nuestros hijos nunca se rebelarán. Si hacemos el bien, solamente recibiremos cosas buenas a cambio. En teoría es tan simple y predecible como que 2+2=4.

Pero como todas hemos descubierto, las teorías no siempre son correctas. La realidad no es tan simple como las matemáticas de quinto grado. Y en la vida las cosas no siempre suman como esperamos.

Ciertamente no fue así para Agar.

Un encuentro con el Dios que ve

Siendo una sierva egipcia en la casa de Abraham y Sara, Agar se encontró atrapada en circunstancias que ella definitivamente no merecía. Tan complicadas como una ecuación de cálculo, no fueron los resultados directos de sus propias decisiones. Fueron producto del mal juicio de alguien más.

Para ser claros, Agar quedó embarazada de Abraham, porque Sara decidió que sería buena idea.

La joven Agar debió haberse impactado con la idea cuando la escuchó. Muy probablemente, ella no había estado soñando nada parecido a seducir al esposo de su señora. Después de todo, él tenía ochenta y cinco años entonces. Pero cuando Sara añadió la maternidad sustituta a las responsabilidades domésticas de Agar, ella no tuvo otra opción.

¿Qué más podía hacer? Ella era una sierva, no una profesional independiente. En realidad no podía renunciar a su puesto, pulir su currículum vitae e ir en busca de otro empleo. Todo lo que ella pudo hacer fue ver con un asombro indefenso cuando...

> Dijo entonces Sarai a Abram: Ya ves que Jehová me ha hecho estéril; te ruego, pues, que te llegues a mi sierva; quizá tendré hijos de ella. Y atendió Abram al ruego de Sarai. Y Sarai mujer de Abram tomó a Agar su sierva egipcia [...] y la dio por mujer a Abram su marido. Y él se llegó a Agar, la cual concibió (Génesis 16:2-4).

La trama de la historia suena más como el guión de *Esposas desesperadas* que como un pasaje que esperaríamos leer en la Biblia. Incluso cuando tomamos en cuenta las diferencias culturales de sus días, al ver a Sara organizando un encuentro amoroso entre su esposo y su sierva, y que Abraham no presenta objeción alguna, podemos sentirnos tentadas a volver a revisar los hechos: ¿Era esta en realidad la pareja que Dios había elegido para ser el padre y la madre de la fe?

Sí, con toda seguridad, ellos lo eran. Abraham y Sara eran el pueblo del pacto de Dios. Ellos son descritos, junto con otros héroes de las Escrituras en Hebreos 11, como quienes "alcanzaron buen testimonio" (versículo 39). Ellos le creyeron a Dios, dejaron su tierra de origen en obediencia a su mandamiento y resplandecieron en el camino de la fe que nosotros continuamos siguiendo hoy. Pero no fueron perfectos. Su caminar con Dios tuvo algunas piedras a lo largo del camino. Cometieron errores. Y uno de los errores más grandes tuvo que ver con Agar.

¡Pobre Agar! Ella no merecía quedar embarazada. Ella no pidió llevar el hijo de un hombre a quien no amaba y que no estaba enamorado de ella. Pero así fue la vida. Sí, fue totalmente injusto.

De manera que ella reaccionó como cualquiera lo habría hecho. Al enfrentarse día tras día con la injusticia de su situación, su respeto por su señora comenzó a tambalearse. Su trato hacia Sara pasó de la cortesía al desprecio lo cual—como muchas de nosotras estaríamos de acuerdo—es completamente comprensible. "¡Dejen en paz a la chica!—diríamos—. Denle consejería. ¡Ella solo necesita trabajar en sus sentimientos!".

Sara, sin embargo, no lo vio de esa manera. Se enfadó. Determinada a poner a Agar en su lugar, derramó su ira sobre Abraham. Culpándolo por el fiasco, le dijo:

> Entonces Sarai dijo a Abram: Mi afrenta sea sobre ti; yo te di mi sierva por mujer, y viéndose encinta, me mira con desprecio; juzgue Jehová entre tú y yo.
>
> Y respondió Abram a Sarai: He aquí, tu sierva está en tu mano; haz con ella lo que bien te parezca. Y como Sarai la afligía, ella huyó de su presencia.
>
> —Génesis 16:5-6

Agar huyó. Eso no suena como un gran problema, desde luego a menos que consideremos la pregunta obvia: ¿A dónde huyó?

No se fue a la casa para madres solteras, porque entonces no había ninguna. No se fue a la iglesia de la esquina, porque no había ninguna tampoco. Abraham y Sara vivían en Canaán, en medio de la nada, rodeados de desierto. De manera que, herida y embarazada, ahí fue donde huyó. A vagar sola entre serpientes y escorpiones, buscando sombra del sol abrasador. A acurrucarse en la noche, escuchando los gruñidos de los chacales, preguntándose si la mañana la encontraría viva.

Un final tal habría sido suficiente malo para alguien que lo mereciera. Pero Agar no lo merecía. Usada y abusada, ella no había hecho nada malo. Ella merecía reivindicación, no una travesía por un páramo. Merecía justicia, no una cárcel hecha de maleza y arena.

No obstante, ahí estaba ella. Sola en el desierto. Ansiando gritar por ayuda, pero en silencio porque nadie podía escuchar.

Y aunque hubiera alguien, no le importaría.

Al menos eso es lo que Agar pensó hasta que hizo el descubrimiento más brillante de su vida: alguien había venido a buscarla. Alguien que no solamente la amaba, sino que tenía el poder de hacer que su futuro se arreglara.

> Y la halló el ángel de Jehová junto a una fuente de agua en el desierto, junto a la fuente que está en el camino de Shur. Y le dijo: Agar, sierva de Sarai, ¿de dónde vienes tú, y a dónde vas?
>
> Y ella respondió: Huyo de delante de Sarai mi señora.
>
> Y le dijo el ángel de Jehová: Vuélvete a tu señora, y ponte sumisa bajo su mano. Le dijo también el ángel de Jehová: Multiplicaré tanto tu descendencia, que no podrá ser contada a causa de la multitud. Además le dijo el ángel de Jehová: He aquí que has concebido, y darás a luz un hijo, y llamarás su nombre Ismael, porque Jehová ha oído tu aflicción. Y él será hombre fiero; su mano será contra todos, y la mano de todos contra él, y delante de todos sus hermanos habitará.
>
> Entonces llamó el nombre de Jehová que con ella hablaba: Tú eres Dios que ve; porque dijo: ¿No he visto también aquí al que me ve?
>
> —GÉNESIS 16:7-13

Una revelación que sacudió al mundo

El Dios que ve. ¡Qué maravilloso nombre para el Señor! Nosotros no lo usamos con mucha frecuencia estos días, pero posiblemente deberíamos. Necesitamos desesperadamente la revelación que conlleva. Especialmente cuando enfrentamos alguna desilusión devastadora, necesitamos saber que Dios ve nuestro dolor. Necesitamos sentir que Dios está ahí con nosotros para escuchar y responder el clamor de nuestro corazón.

Es asombrosa la diferencia que eso puede marcar. Eso lo cambió todo para Agar. Su encuentro con el Dios que ve confirmó su valor. Le abrió los ojos hacia un Dios quien, a diferencia de los dioses crueles de Egipto, de verdad se preocupaba por ella. Eso la introdujo a la Deidad que no solamente se preocupaba por su aprieto, sino que también planeaba usarlo para bendecirla.

Esas fueron revelaciones que sacudieron el mundo de una chica egipcia que vivió en los tiempos del Antiguo Testamento. ¿Pero sabe qué? Ella nunca las habría recibido si no hubiera sido lastimada. Ella se las habría perdido si no hubiera sido conducida por la desilusión directamente a los brazos del Dios que ve.

Casi lo mismo podría decirse de nosotras, supongo. Nuestra historia es diferente a la de Agar; nuestros desiertos son un poco más civilizados. Sin embargo, a menudo es cuando estamos corriendo del dolor que nos tropezamos con el regazo del Padre. Es cuando las circunstancias injustas de la vida hacen que nuestras rodillas se tambaleen y es más probable que levantemos la mirada y nos encontremos viendo más íntimamente los ojos de Dios.

Yo lo descubrí en una manera muy personal un día devastador, hace veinticinco años. Sentada en un hotel con Robert, escuché una noticia que ninguna esposa desea escuchar: mi esposo me había sido infiel. Mientras confesaba, yo apenas podía creerlo. *¡Yo no me merezco esto!*, pensé, *¿Cómo puede estar sucediendo?* Yo había sido una buena esposa, no perfecta pero amorosa. Y *siempre* fiel.

Mi corazón palpitaba de dolor, yo deseaba huir como Agar. Pero no tenía ningún desierto en el cual desaparecer. Por lo tanto, tomé la Biblia de los Gedeones de la mesilla de noche y huí al único lugar adonde podía escapar. Me marché al cuarto de baño, donde lloré y oré el resto de la noche.

Nunca había estado tan sola, no tenía a nadie a quien acudir ni con quien hablar, más que al Señor. Entonces, pidiendo su dirección, abrí la Biblia. Génesis 50:20 fue el primer versículo que vi. Era un versículo familiar de la historia de José, donde les explicó a sus hermanos que su maltrato había llevado a cabo un propósito divino: "Vosotros pensasteis mal contra mí, mas Dios lo encaminó a bien".

El propósito de Dios era para bien.

Yo supe inmediatamente que esas palabras eran para mí. El Señor me las había hablado en ese momento, como seguramente se las habló a la sierva de Sara en el desierto. Yo sentí su presencia y sentí que su paz me envolvió como los brazos fuertes de un padre. Al limpiarme las lágrimas, no podía ver cómo es que esta terrible traición podría haber sido para mi bien, pero decidí creerlo de todas formas. Y creer me dio valentía para continuar.

En las semanas que siguieron, me encontré buscando al Señor en un nivel completamente nuevo. Entré en una gracia tan dulce y continua que parecía que a cada momento Él estaba tan cerca como mi siguiente aliento. Cada día me cantaba a mí misma: "El amor inalterable del Señor nunca cesa", y el Señor confirmó en mi corazón que eso era verdad.

Robert me había decepcionado, pero el Señor no lo había hecho. De hecho, Él me estaba levantando más alto y más cerca de Él que nunca antes.

Para ser clara, no estoy diciendo que Dios me lo hiciera todo fácil. Él me pidió el mismo tipo de obediencia difícil que le pidió a Agar. Tal como Él la dirigió de regreso con Abraham y con Sara, y al lugar de su maltrato, Dios me dirigió a mí a perdonar a Robert y a permanecer comprometida con nuestro matrimonio.

Para hacerlo, yo tuve que recibir revelaciones mayores. Tuve que darme cuenta en una manera completamente nueva de que Robert y yo somos uno; estamos unidos en el Señor. Esa no es una revelación que yo deseara escuchar particularmente en ese momento, pero siempre me alegraré de haberla obtenido. Me ayudó en muchas formas. Especialmente cambió mi manera de orar. Comencé a ver que si Dios juzgaba a Robert por su pecado el juicio me afectaría a mí también, y yo no merecía el juicio, ¡yo merecía misericordia! De manera que oré por nosotros, no como personas individuales sino como pareja.

Aunque yo no había sido parte de su pecado, me identifiqué con mi esposo tal como los intercesores del Antiguo Testamento se identificaron con los pecados de Israel. Mis oraciones no anulaban su necesidad y responsabilidad de arrepentirse, desde luego. Pero con una comprensión fresca de que Robert y yo estamos en esto juntos, yo ya no oraba por venganza. Oraba: *Dios, perdónanos y ten misericordia.*

La oración, sin embargo, era solamente una parte del trabajo que tenía que hacerse. Para que Robert y yo funcionáramos en unidad, también teníamos que construir un puente que atravesara las aguas de la desconfianza que habían venido entre nosotros. Eso significaba que yo tenía que conocer algunos detalles acerca de lo que había sucedido. (Corrección: necesitaba conocer *muchos* detalles). Sin discutirlo, Robert y yo hicimos un compromiso personal de comunicarnos responsablemente. Él prometió responder con sinceridad cualquier pregunta que yo le hiciera, al mismo tiempo de que intentaría no lastimarme. Le prometí que no le preguntaría nada hasta que estuviera lista para escuchar.

Para mantener mi compromiso, me di cuenta de que tenía que evaluar mi estado de ánimo antes de hacer una pregunta. Si pensaba que la pregunta podría afectarme, no la hacía. Si pensaba que podía soportarla, lo hacíamos.

Espero que nunca necesite este consejo, pero si lo necesita, confío en que lo recordará: las parejas que se encuentran en este tipo de situaciones, a menudo se apresuran a querer saber demasiado, muy rápidamente. Exigen información y no han sido suficientemente sanados para procesarla, y terminan detonando explosiones emocionales que dañan aún más su relación. Al reaccionar por su dolor, se hieren todavía más entre sí. Es por ello que le digo a la gente cuyo matrimonio se encuentra en crisis: apresúrese a consultar a un consejero o pastor cristiano profesional, no lo aplace. Encuentre a alguien que pueda ayudarle a encontrar a Dios en la situación, alguien que esté comprometido no solamente a mantenerlos unidos, sino también a que sanen y progresen de nuevo.

Robert y yo tuvimos ese tipo de ayuda, y por la gracia de Dios, logramos superarlo. Enfocándonos en la sanidad y no en las heridas, trabajamos lentamente para salir del dolor, descubriendo capa por capa, diciendo y escuchando la verdad. Con el tiempo, todas las preguntas fueron respondidas. Nuestra transparencia mutua me ayudó a sanar. Teniendo cuidado de no arrastrar el proceso demasiado tiempo, cerramos el libro de la traición.

Aunque ese periodo de nuestra vida fue muy difícil, marcó un hermoso punto de inflexión en nuestro matrimonio. Nuestra relación siempre había sido cercana, pero nunca antes habíamos sido tan sensibles ni vulnerables. La intimidad es poder decirle a alguien lo peor y saber que esa persona continúa amándonos. A medida que abrimos nuestro corazón mutuamente una y otra vez, Robert y yo descubrimos una verdadera intimidad por primera vez.

¿Deseo que hubiéramos encontrado una manera más fácil? Sí; incluso ahora, años después, debo decir que sí. Pero luego pienso acerca de mis encuentros con Dios. Recuerdo las veces en su presencia, cantando de su amor inalterable y del dulce toque del Dios que me ve.

Y tengo que admitirlo, no cambiaría esas ocasiones por nada.

La transformación hace que el dolor valga la pena

El propósito de Dios era para bien. Él no causó las heridas que yo sufrí, pero sí llenó esas heridas de propósito divino. Una vez que vi el propósito, incluso en medio del dolor, me incliné hacia él. Me di cuenta de que nada me podía llegar sin su permiso, que yo siempre estaba bajo su cuidado y me sentí agradecida. No por el sufrimiento mismo, sino por cómo Dios me estaba transformando a través de él.

Al final, tal transformación es lo que hace que el dolor valga la pena. Nuestras heridas se hacen mucho más llevaderas cuando vemos que cada una puede tener un propósito y producir un bien mayor en nuestra vida.

La Biblia dice: "Fieles son las heridas del que ama; pero importunos los besos del que aborrece" (Proverbios 27:6); "He aquí, bienaventurado es el hombre a quien Dios castiga; porque él es quien hace la llaga, y él la vendará; el hiere, y sus manos curan" (Job 5:17-18). Esos son versículos aleccionadores, pero podemos ver cuán verdaderos son al ver la vida de algunos de los más grandes héroes espirituales. Personas como David (que fue traicionado por Saúl) y José (cuyos hermanos lo vendieron como esclavo) fueron preparados para su destino divino por las heridas que la vida les infligió y fueron dirigidos hacia él por esas misma heridas.

También, desde luego, estaba Jacob. Él peleó con Dios para obtener su bendición y terminó también con una herida. Tocado en la coyuntura de su cadera por el Señor mismo, salió de la lucha con una cojera permanente y un nuevo nombre. Ya no era un bromista autosuficiente cuyo nombre significaba el que engaña; Jacob había sido transformado en un hombre humilde llamado Israel, un príncipe para Dios.

A. W. Tozer escribió: "No hay nada como una herida para quitarnos la seguridad en nosotros mismos, reducirnos otra vez a la infancia y hacernos pequeños e indefensos a nuestros ojos". Esa no es una perspectiva común en estos días, pero en años pasados hubo al menos una santa que la adoptó. Su nombre era Lady Julian. Ella atesoró en gran manera la forma en que se podía encontrar a Dios a través de las heridas, tanto que ella de hecho las pedía.

Como Tozer lo dice, ella oraba a menudo: "Oh, Dios, por favor dame tres heridas; la herida de la contrición, la herida de la compasión, y la herida de anhelar a Dios". Luego añadió la siguiente postdata: "Esto te lo pido sin condiciones".

Aunque esa sea una maravillosa oración, no puedo decir que yo la haya hecho. Pero no tengo que hacerlo, porque las heridas son simplemente parte de la vida. Todos vamos a experimentarlas las pidamos o no. A los cuatro años de edad, mi nieto, Grady, ya puede confirmarlo: no importa cuánto podamos intentar evitarlas, las heridas suceden; las desilusiones llegan; las Willow de nuestra vida algunas veces nos golpean sin razón aparente; y las circunstancias no siempre son justas.

La vida es una senda llena de baches y topes, vueltas inesperadas. Es un viaje difícil y a veces doloroso que siempre nos está moviendo hacia Dios.

No se pierda los milagros

Mantenga una actitud de gracia bajo presión

Y tomó Jetro suegro de Moisés a Séfora la mujer de
Moisés, después que él la envió.

ÉXODO 18:2

"¿Que tú crees que debemos hacer qué cosa?", las palabras de
Séfora volaban en el aire como el humo de una fogata recién
encendida. Sus ojos brillaban de furia, ella abrazó al bebé Gersón
fuertemente y miró con furia a Moisés.

Claramente, esa iba a ser una larga noche.

Con un suspiró, Moisés se talló la frente con los dedos. Él ya estaba agotado y la conversación apenas había comenzado.

—Te prometo que no lo heriré—dijo él—. Los hebreos han circuncidado a sus hijos durante cientos de años.

—¡Bien, yo no soy hebrea!—Séfora se puso rígida de pensarlo—.
Lo que es más, nuestro hijo no es un esclavo y yo no deseo que sea
identificado como uno".

La manera en que su esposa lo miraba detuvo a Moisés de recordarle su propia herencia hebrea. Ella prefería pensar que él anteriormente había sido un príncipe de Egipto. Ese siempre había sido un punto álgido entre ellos. Determinado a ser paciente, él se recordó a sí mismo cuán extraño debía parecerle todo el concepto a una madianita e intentó razonar con ella de nuevo.

—Querida, sabes que la circuncisión no es una señal de esclavitud.
Es una señal de pacto con Dios.

—La puedes llamar como quieras—interrumpió ella con su voz gélida y rotunda—, pero según lo que sé, ¡es bárbara! Y si crees que voy a aceptarlo, ¡ESTÁS...LOCO!

Séfora se dio la vuelta y salió de prisa de la tienda, apretando fuertemente a su hijo en sus brazos. Moisés la vio marcharse sin decir otra palabra. Como siempre, sin saber qué decir, se preguntó por qué siempre perdía las discusiones. ¿Por qué no simplemente podía estar al mando? ¿Por qué no sencillamente podía decirle a su esposa: "Es a mi manera o a la calle"?

¡Soy demasiado dócil!, pensó él. Encogiendo sus hombros, con sus palmas hacia arriba, subió la mirada. No tenía idea de cómo podía agradar a Dios y a su esposa a la vez.

De acuerdo, lo admitiré. Lo estoy adaptando un poco. La Biblia en realidad no dice que sucediera tal conversación entre Moisés y Séfora. Pero leyendo entre líneas, casi tenemos que admitir que sucedió. Probablemente más de una vez. La discusión pudo no haberse dado en esa manera exacta, desde luego. Me imaginé los detalles. Pero una cosa es cierta, para cuando Moisés salió junto con su esposa e hijos a liberar a los esclavos israelitas, la circuncisión había sido tema de debate durante mucho tiempo.

Y aparentemente, ese era un debate que Séfora se negaba a dejar que su esposo ganara. Considerando todo con lo que ella tenía que lidiar como esposa, su resistencia era razonable. Desde el principio, la vida de casada con Moisés había sido un viaje difícil. Las sorpresas comenzaron temprano. El primer día que ella lo conoció, cuando él llegó al pozo y rescató a Séfora y a sus hermanas de los ladrones que robaban el agua, él dijo que era egipcio. Siendo un extraño alto y moreno, ella se enamoró de él. Luego se casó con él, solo para descubrir que no era egipcio en realidad, sino un tipo de híbrido cultural: un esclavo israelita de nacimiento, criado como realeza en el palacio del faraón. ¡Qué combinación tan confusa! Si eso no era suficientemente extraño, resultó ser un fugitivo que huía de la justicia, porque había matado a un egipcio por maltratar a un esclavo.

Moisés explicó el asesinato, diciendo que él era un libertador elegido divinamente para salvar a los israelitas. O al menos lo pensó en algún momento. Séfora se había sentido aliviada de que él abandonara la idea luego de enterrar en la arena al egipcio muerto.

Sin duda, eso era demasiado para que una esposa lo procesara. Pero durante años, Séfora hizo su mejor intento. Dejando detrás el pasado problemático de Moisés, ella se dijo que podían tener una vida normal madianita; y la tuvieron un tiempo. Luego un día Moisés regresó a casa del trabajo con un relato disparatado acerca de una zarza perpetuamente ardiente.

Que hablaba.

Con la voz de Dios.

¿Cómo se supone que debía responder ella ante tal historia? "Ah, qué lindo, querido. Me alegra que hayas tenido un día interesante". Ella intentó ser comprensiva, y el cielo lo sabe. Aunque Moisés fuera un hombre extraño, también era un hombre bueno y humilde. Es por eso que ella se impactó tanto cuando le dijo que deseaba regresar a Egipto y darle otra oportunidad a aquello de salvar a los esclavos israelitas. Justo ahí, ella se preguntó si él había enloquecido. Tan amablemente como le fue posible, ella resaltó que normalmente no es sabio regresar al lugar donde se le busca por asesinato, especialmente con la intención de causar más problemas. Pero Moisés continuó diciéndole que Dios le dijo que todo marcharía bien y que Él iría con ellos para asegurarse de eso.

—¿El Dios de la zarza, querido? ¿Ese es el Dios que va a ir con nosotros a Egipto?

—Sí—dijo él.

Luego, él le recordó de nuevo que debían circuncidar a los chicos antes de hacer el viaje.

Aunque Séfora aceptó regresar a Egipto con Moisés, ella se puso firme acerca del asunto de la circuncisión. A ella no les gustaba y no lo iba a hacer. Moisés cedió ante ella, esperando que Dios comprendiera.

Pero como resultó, Él no lo comprendió; fue provocado por la desobediencia de Moisés tanto que cuando la familia viajó a Egipto para liberar a los israelitas (o como pensó Séfora, a enfrentar cierta aniquilación en manos de faraón):

Y aconteció en el camino, que en una posada Jehová le salió al encuentro, y quiso matarlo. Entonces Séfora tomó un pedernal afilado y cortó el prepucio de su hijo, y lo echó a sus pies, diciendo: A la verdad tú me eres un esposo de sangre.

—Éxodo 4:24-25

Antes de reflexionar en esta historia, me encontraba totalmente desconcertada por la respuesta de Séfora. No podía comprender cómo es que ella supo que la circuncisión era la respuesta. ¡Ciertamente yo no lo habría pensado! Si Robert y yo estuviéramos de camino a la iglesia y Dios comenzara a amenazar con matarlo, ni en un millón de años me habría imaginado que yo arreglaría el problema circuncidando a mis hijos.

Pero Séfora, aunque era una gentil criada en una cultura que no estaba familiarizada con la práctica, no tuvo que pensarlo dos veces. Ella supo inmediatamente lo que Dios deseaba. ¿Cómo lo supo? Su esposo hebreo le había dicho…y dicho…y dicho cuán importante era la circuncisión. Ellos habían sostenido varias conversaciones al respecto que siempre terminaban cuando Séfora decía: "¡No!".

De camino a Egipto, sin embargo, su "no" cambió a un "sí". Al darse cuenta de que no tenía otra alternativa (además de la viudez), ella cedió. Su paciencia agotada, sus nervios crispados, su tanque de gracia vacío, ella obedeció a la letra de la ley, pero violó su espíritu. Ella hizo lo correcto con la actitud equivocada, y comprobó que eso no produce el resultado deseado.

Lanzándole palabras a Moisés que eran tan cortantes como el pedernal que tenía en la mano, arrojó al suelo la evidencia de su obediencia frente a él y le dijo: "A la verdad tú me eres un esposo de sangre" (versículo 25).

Proverbios 11:16 dice: "La mujer agraciada tendrá honra". Y aparentemente, a una mujer descortés la envían a casa. De cualquier manera, eso es lo que le sucedió a Séfora.

Después de lo que supongo fue una horrible discusión—una de esas en las que nadie duerme en la noche—, Moisés decidió que ella no debía acompañarlo a Egipto. De manera que la envió de vuelta a Madián a la casa de su padre, donde ella permaneció hasta que...

> Oyó Jetro [...] suegro de Moisés, todas las cosas que Dios había hecho con Moisés, y con Israel su pueblo, y cómo Jehová había sacado a Israel de Egipto. Y tomó Jetro suegro de Moisés a Séfora la mujer de Moisés, después que él la envió [...] Y Jetro el suegro de Moisés, con los hijos y la mujer de éste, vino a Moisés en el desierto, donde estaba acampado junto al monte de Dios.
>
> —ÉXODO 18:1-2, 5

¡Tan solo piense en todo lo que Séfora se perdió!

Mientras ella estaba limpiando la casa, sacando agua y horneando pan, su esposo estaba haciendo historia. En el punto cúspide de su ministerio, estaba trabajando con Dios para hacer que la nación más poderosa se arrodillara. Séfora pudo haber estado ahí para verlo: las plagas plagando, el mar Rojo partiéndose, los israelitas marchando en tierra seca y al ejército egipcio ahogándose detrás de ellos. Ella pudo haber sido testigo de las señales y maravillas más épicas que Dios manifestara en el planeta Tierra.

Pero se lo perdió.

Todo por su actitud abominable.

Todo porque ella no respondió a una situación desafiante con gracia.

Una noche en el aeropuerto de Amarillo

A pesar de sus errores, a mí me encanta Séfora. Ella me hace pensar acerca de cuánto pueden costarme mis malas actitudes. Me recuerda aquello de lo que me perderé si decido ser gruñona en lugar de bondadosa cuando las cosas no están marchando bien.

Siempre habrá ocasiones en que las cosas no marchen bien. Usted se da cuenta de eso, ¿no? Jesús mismo nos advirtió al respecto: "En el mundo tendréis aflicción; pero confiad, yo he vencido al mundo" (Juan 16:33).

Algunas veces parece que olvido que esa afirmación está en la Biblia. Tengo un mal día y reacciono con un resentimiento atónito.

Las circunstancias adversas pueden tomarme por sorpresa, y sin siquiera tener una excusa tan buena como la de Séfora, me pongo muy enfadosa.

Estoy agradecida de poder decir que sucede cada vez menos estos días (a Dios sea la gloria, se lo aseguro), pero de vez en cuando continúa sucediendo. Algunas veces en grande. Como sucedió una terrible noche en el Aeropuerto Internacional de Amarillo.

Me refiero al aeropuerto por su nombre oficial, porque esa noche en particular yo llegue exhausta de mi viaje ministerial y tan desesperada por llegar a casa que incluso parte del nombre del lugar parecía estar diseñado para molestarme. *¿Internacional?* Debían estar bromeando. Posiblemente se debía a que ya era tarde, pero el lugar prácticamente parecía una ciudad fantasma. La misma mujer que nos expidió los boletos y que verificó nuestro equipaje, fue quien apareció en la sala de abordaje para que entráramos al avión.

Yo tampoco estaba de ánimo para darle una oportunidad a esa mujer. A pesar de todas las tareas de las que ella tenía que encargarse, yo deseaba que se apresurara y fuera eficiente en todas ellas. Ella probablemente lo era, pero mi cansancio deformó mis percepciones y me pareció que ella se estaba moviendo en cámara lenta. En lugar de atendernos en el mostrador de los boletos con un par de clics en la computadora y dejarnos partir, ella nos dejó parados esperando...y esperando..., y esperando.

Yo le rogaba que se apurara en mi interior. *Porrrfa, solo denos nuestros boletos. ¡Todo lo que deseo es sentarme!*

Y cuando pasamos por la seguridad el aeropuerto, el ritmo se hizo todavía más lento. Con una palmada en el hombro, el seleccionador me hizo señas para que me apartara, con el fin de que me hicieran una *revisión especial*. Si eso en realidad me iba a hacer sentir especial, no lo logró. Después de haber recibido palmadas en los hombros y que se entrometieran en una multitud de formas irritantes, vacié mi bolso y vi a un extraño revolver lo que había dentro. Finalmente me pasaron a la sala de abordaje.

No puedo recordar si alguna vez he estado tan feliz de ver una silla que esa noche. Atesorando el pensamiento de colapsarme en ella y esperar el bendito anuncio de que nuestro avión estaba listo para ser abordado, yo solamente deseaba sentarme, cuando Robert me interceptó: "Acerquémonos y preguntémosle a la mujer de la sala para ver si necesitamos hacer algo más antes de partir", dijo él.

Lo miré como si hubiera sugerido que diéramos vueltas en el aeropuerto corriendo. ¿Qué no veía cuán cansada estaba? Yo no deseaba caminar ni un paso más. "Querido, tenemos nuestros boletos. ¡Solo sentémonos!".

—No, vamos. Vayamos a revisarlo. Solo por si acaso.

¡Hombre insensible! Determinada a hacer lo correcto (seguir las instrucciones de mi esposo), lo hice con una actitud incorrecta que resultó todavía más incorrecta cuando me di cuenta de que la mujer de la sala era la misma que nos había servido, a paso de tortuga, en el mostrador de los boletos. Sin hacerle caso al *tic, tic, tic* que mi marido tenía junto a él, la clara advertencia de que la bomba de tiempo de su esposa amenazaba con explotar, Robert sonrió e hizo su pregunta. "¿Hay algo más que necesitemos hacer?".

Larga...pausa.

Esa no era una pregunta difícil, pero la mujer dudó de todas formas. Luego, agachándose para recoger algo de detrás del escritorio, ella finalmente respondió.

—Sí.

¿Sí? ¿Dijo "sí"? ¡No podía creerlo! ¿Qué más podría desear que hiciéramos? ¿Llenar otra forma? ¿Que nos ofreciéramos como voluntarios para pasar los bocadillos en el vuelo? ¡Yo no podía soportar una cosa más! Mi momento Séfora había llegado. Al reunir algunas palabras afiladas, yo estaba a punto de soltarlas, cuando miré hacia abajo para ver lo que la mujer tenía en la mano.

Era una copia del libro, *Una vida llena de bendiciones*, de Robert.

—¿Me firmaría esto?—le preguntó.

Usted probablemente haya visto esos documentales de la naturaleza en la televisión en los que una rana atrapa a un mosquito con un rápido movimiento de su lengua y se lo traga más rápido de lo que puede percibir el ojo humano. Eso es lo que hice con las palabras que no había pronunciado. Me las tragué en un abrir y cerrar de ojos. Luego, le agradecí a Dios en silencio que nadie hubiera tenido que escucharlas.

Me habría avergonzado de pensar lo que habría costado si alguien las hubiera escuchado.

Un obstáculo farisaico

¿Cómo evitamos ese tipo de momentos como el del aeropuerto de Amarillo? ¿Cómo podemos asegurarnos de responder con gracia cuando las cosas marchan mal? El apóstol Pablo nos da la clave:

> Esto, pues, digo y requiero en el Señor: que ya no andéis como los otros gentiles, que andan en la vanidad de su mente, teniendo el entendimiento entenebrecido, ajenos de la vida de Dios por la ignorancia que en ellos hay, por la dureza de su corazón [...] Mas vosotros no habéis aprendido así a Cristo, si en verdad le habéis oído, y habéis sido por él enseñados, conforme a la verdad que está en Jesús. En cuanto a la pasada manera de vivir, despojaos del viejo hombre, que está viciado conforme a los deseos engañosos, y renovaos en el espíritu de vuestra mente.
>
> —Efesios 4:17-18, 20-23

Mire de nuevo la última frase: Renovaos en el espíritu de vuestra mente. Eso es algo que debemos hacer absolutamente si deseamos responder con gracia cuando estemos bajo presión. Debemos renovar nuestra actitud con una revelación de la gracia. No debemos saber solamente qué es la gracia, debemos tener una experiencia de ella, una comprensión de lo que esta ha hecho y continúa haciendo en nosotras cada día.

En otras palabras, para extenderles gracia a los demás, nosotras debemos ser conscientes primero de cuánta gracia hemos recibido. "¿Pero qué no la mayoría de nosotras ya lo sabe?", se preguntará usted. Sabemos que es por gracia que todos nuestros pecados han sido perdonados (los grandes y los pequeños). Por gracia, Dios nos aceptó cuando no estábamos a la altura, derramó su favor inmerecido sobre nosotras y nos proporcionó un mejor futuro. Por gracia, el Rey poderoso, creador del cielo y la tierra entregó su ropa real, vino a la Tierra, llevó una vida perfecta y sufrió una muerte dolorosa solo para poder tener una relación personal con nosotras.

Como cristianas, estamos completamente conscientes de que

nuestras deudas espirituales han sido pagadas por gracia. El problema es que la mayoría de nosotras no tenemos idea de cuánto debíamos.

Nosotras somos como el fariseo que invitó a Jesús a cenar. No tenía idea acerca de su propia condición espiritual empobrecida, tanto que no le extendió gracia a la prostituta que le rogó entrar a su casa para ministrar al Maestro. Mientras lavaba los pies de Jesús con sus lágrimas, los secaba con su cabello y los ungía con su precioso aceite perfumado, el fariseo reaccionó con el enfado de Séfora. "Ella es una pecadora", dijo furiosamente, insinuando desde luego, que comparado con ella, él ni siquiera calificaba para ser pecador, y si calificaba, su pecado evidentemente era mucho menos pecaminoso (Lucas 7:39).

Por más sorprendente que suene, nosotras pensamos de esa manera algunas veces. Yo pensé así. Durante años supuse que debido a que había sido salva antes de tener tiempo de hacer algo terriblemente malo, no se había necesitado tanta gracia para salvarme como la que se había necesitado para salvar a pecadores de clase mundial como Robert. Debido a que mi pecado parecía relativamente mínimo, me imaginé que Dios me había extendido una cantidad mínima de perdón.

Yo estaba prácticamente feliz por ello. No obstante, algunas veces sí me preocupaba, especialmente cuando veía a Robert y su amor por el Señor. Su pasión siempre pareció ser mayor que la mía. Al intentar descubrir por qué, yo pensaba en el fariseo y en cómo...

Entonces respondiendo Jesús, le dijo: Simón, una cosa tengo que decirte.

Y él le dijo: Di, Maestro.

Un acreedor tenía dos deudores: el uno le debía quinientos denarios, y el otro cincuenta; y no teniendo ellos con qué pagar, perdonó a ambos. Di, pues, ¿cuál de ellos le amará más? Respondiendo Simón, dijo: Pienso que aquel a quien perdonó más.

Y él le dijo: Rectamente has juzgado. Y vuelto a la mujer, dijo a Simón: ¿Ves esta mujer? Entré en tu casa, y no me diste agua para mis pies; mas ésta ha regado mis pies con lágrimas, y los ha enjugado con sus cabellos. No me diste beso; mas ésta, desde que entré, no ha cesado de besar mis pies. No ungiste mi cabeza con aceite; mas ésta ha ungido con perfume mis pies. Por lo cual te digo que sus muchos pecados le son perdonados, porque amó mucho; mas aquel a quien se le perdona poco, poco ama.

—Lucas 7:40-47

Durante décadas pensé que Jesús estaba diciendo lo que yo ya sabía que era verdad: algunas personas (como Robert) tienen deudas grandes. Algunas personas (como yo) tenemos deudas pequeñas. Y los grandes deudores siempre amarán a Dios más que los pequeños deudores.

Aunque el concepto me parecía lógico, me frustró. De manera que comencé a orar: *¡Señor, deseo amarte tanto como Robert!*

La manera en que el Señor respondió mi oración cambió mi perspectiva para siempre.

Él me dio una visión de mí misma, vistiendo un prístino vestido blanco de bodas y corriendo a conocer a Jesús. Mi corazón estaba gozoso, sabiendo que yo era la novia de Cristo, pero en mi apuro por llegar a Él, me caí en un charco de lodo. En un instante, mi vestido estaba arruinado. Mi cabello, mi piel, cada parte de mí esta empapada de lodo. De cuclillas, lloré por mi asquerosa condición.

Mientras lloraba, el Señor me reveló la realidad de la suciedad de mi propia vida. Él me mostró la rebeldía interna y las actitudes impías que tenía, incluso las de pequeña. Me mostró cuán pecadora era de verdad antes de ser salva. "¡Estoy tan sucia!", gemí.

Luego, en medio de mis lágrimas, vi que alguien entró en el lodo conmigo. Miré sus pies, vi las marcas de los clavos, y me di cuenta de que era Jesús. Parado en el lodo pero limpio, me extendió su mano. Cuando la miré, el lodo que me había cubierto comenzó a caerse. Me levanté de nuevo, tan limpia como el Maestro mismo. Al mirar hacia el charco de lodo, vi que se había tornado en oro...y juntos, Jesús y yo danzamos en calles de oro.

Por primera vez en mi vida comprendí la apabullante gracia que Dios me había extendido.

Pero yo no fui la única que tuvo la revelación. Tiempo después, Robert también la tuvo. Una tarde llegó corriendo de su estudio, sacudiendo su Biblia y proclamando las buenas nuevas. "Debbie, ¡tú no eras mejor que yo antes de ser salva! ¡Encontré prueba de ello en la Biblia! ¡Tú necesitabas la gracia de Dios tanto como yo!".

Al explicarme que había estado leyendo la parábola de los dos deudores, él me dijo que se había dado cuenta de que ambos estaban en la misma condición: Ambos debían. Ambos no tenían nada con qué pagar. Y ambos fueron perdonados gratuitamente.

"El asunto es que la parábola no se trata de que algunas personas sean mejores que otras!—dijo él—. El asunto es que aunque algunas personas piensen que son mejores que otras, ¡todos estamos en la misma bancarrota delante de Dios!".

Es una verdad que la Biblia confirma una y otra vez:

No hay justo, ni aun uno; no hay quien entienda, no hay quien busque a Dios. Todos se desviaron, a una se hicieron inútiles; no hay quien haga lo bueno, no hay ni siquiera uno.
—ROMANOS 3:10-12

Porque no hay diferencia, por cuanto todos pecaron, y están destituidos de la gloria de Dios.
—Versículos 22-23

Porque cualquiera que guardare toda la ley, pero ofendiere en un punto, se hace culpable de todos.
—SANTIAGO 2:10

Algunas personas pueden considerar que estos versículos son tristes, pero para mí son emocionantes. Me dicen que he sido perdonada tanto como todos los demás. Lo cual significa que puedo amar a Jesús tanto como todas las demás personas de la tierra, ¡incluso a Robert!

Celebrar cada paso del camino

De hecho, ahora que sé cuánta gracia he recibido, no solamente estoy enamorada del Señor con una pasión mayor, también amo más a la gente. Al haber experimentado cuánta gracia tuvo Dios conmigo, tengo un corazón para extenderle su gracia a los demás.

Hubo una vez en que veía a una joven caminando por la calle, vestida en una manera que yo sentía inapropiada y la juzgaba. Sin saber nada acerca de su situación, yo suponía cosas negativas de su carácter. Nunca se me ocurrió que posiblemente ella acababa de ser salva. Ella podía ser una creyente bebé, estar muy ocupada aprendiendo lo básico del amor de Dios como para preocuparse por su guardarropa.

Ahora puedo ver cuán legalista y torpe era mi actitud en realidad. He llegado a comprender que Dios no está mirando lo externo. No está enfocado en lo que la gente está vistiendo. Él está mirando su corazón. Alcanzándolos con amor y aceptación, sin importar cuán imperfectos puedan ser.

Tal como la grosera actitud de Séfora le causó perderse de ver los milagros de Dios, la mía me habría costado lo mismo si me hubiera aferrado a ella. Mi perspectiva legalista y juiciosa me habría separado de la gente que se encontraba en las primeras etapas de su caminar con Dios. Esperando que ellos avanzaran espiritualmente de la *A* a la *Z,* de la noche a la mañana, me habría perdido la maravilla de animarlos a través del desordenado, no obstante asombroso proceso que sucede entre la *B* y la *Z*. Mi actitud de desaprobación los habría alejado. Yo no habría atestiguado los milagros que sucedieron cuando dieron sus primeros pasitos hacia el Señor.

Estoy segura de que esto sucede con todos, especialmente con las mujeres. Separadas de la gracia de Dios, tendemos a vernos ya sea muy arriba, pensando en que somos mejores que los demás y estamos por sobre ellos; o muy bajo, pensando que los demás son mejores que nosotras y utilizando la envidia, los chismes y hablando a su espalda para derribarlos.

Pero cuando nos vemos como extensiones de la gracia de Dios, no estamos ni arriba ni debajo de los demás. Solamente somos quienes somos. Amamos a otras mujeres a pesar de cuán delicioso o difícil pueda ser, y encontramos belleza en ellas. Podemos celebrar sus fortalezas y habilidades sin criticarlas ni competir. Yo veo que eso sucede en Gateway cada vez más: las mujeres están apoyándose, honrándose y alabándose mutuamente. Las mujeres se gozan cuando es el turno de otra para hablar, dirigir la alabanza y la adoración, o ir a un viaje de misiones. Las mujeres se están empujando mutuamente a destacar y diciendo: "¡Es tu momento de brillar!".

Como receptoras iguales de la grande gracia de Dios, nosotras nos estamos dando cuenta de que no tenemos que sentirnos amenazadas cuando vemos a una mujer que tiene dones en diferentes áreas que nosotras. Sus fortalezas no nos socavan. Al contrario, podemos beneficiarnos mutuamente, gozarnos en nuestra singularidad y reflejarnos la gracia que todas hemos recibido de Dios.

¿Es realmente posible que las mujeres—sin importar que podamos ser destacadamente malvadas unas con otras—mantengamos tal actitud? ¡Sí! No solamente es posible, sino también la Biblia nos dice que lo hagamos. Filipenses 2:5-8 dice:

> Haya, pues, en vosotros este sentir que hubo también en Cristo Jesús, el cual, siendo en forma de Dios, no estimó el ser igual a Dios como cosa a que aferrarse, sino que se despojó a sí mismo, tomando forma de siervo, hecho semejante a los hombres; y estando en la condición de hombre, se humilló a sí mismo, haciéndose obediente hasta la muerte, y muerte de cruz.

Solo tome una cuchara

Cierto, mantener una actitud como la de Cristo hacia los demás puede ser difícil algunas veces. Como ya lo mencioné, y Séfora lo demostró, las cosas no siempre marchan como a nosotras nos gustaría. Algunas veces nos cansamos y las circunstancias nos exasperan. A veces la gente nos molesta, actúa cruelmente con nosotras o incluso nos persigue. En esos momentos, todas desearíamos tener un botón de Relajación que apretar y que nos hiciera sentirnos más cómodas para despachar la gracia de Dios.

Pero no hay ningún botón de Relajación. Tal como ir a la cruz no le fue fácil a Jesús, extender gracia cuando estamos agotadas, heridas o frustradas, no siempre nos será fácil. Pero por el poder de Dios, nosotras podemos hacerlo si predeterminamos que esa será la decisión que tomaremos, sin importar las circunstancias.

Hace algunos años, antes de que mi hija, Elaine, se fuera a la universidad, Robert y yo le hablamos mucho acerca de las decisiones predeterminadas. La animamos a examinar las situaciones con que podía encontrarse en la escuela, y le preguntamos: "¿Vas a beber?

¿Hasta qué hora vas a permanecer afuera en la noche? ¿Qué horas apartarás para estudiar?". Ella sabía que sus circunstancias serían mejores si tomaba decisiones con anticipación.

Eso no solamente es para las chicas universitarias, es para toda mujer que da vida. Debemos tomar con anticipación la decisión de ser agentes que extiendan la gracia de Dios. Deberíamos predeterminar que si nuestro esposo no recoge sus cosas (y sabemos que no lo hará), nosotras tendremos gracia al respecto. Al examinar las diferentes posibilidades—si alguien es grosero con nosotras en la iglesia, nuestro colega de la oficina critica nuestro reporte o nuestra esbelta vecina nos dice (en un día en que nos sentimos especialmente hinchadas) que ella acaba de bajar diez libras (4 kg)—debemos decidir de antemano que responderemos con gracia.

¡Ah, qué diferencia pueden hacer tales decisiones! Pueden tornar nuestros desastres en recuerdos y los fiascos en diversión. Yo lo vi con mis propios ojos el día en que mamá soltó el plato de tarta cuando yo era pequeña. Nunca lo olvidaré. Ella había pasado todo el día limpiando la casa de pies a cabeza, porque venían invitados. Todo estaba listo, excepto la tarta. Era una de esas cosas de queso crema con corteza de galletas de vainilla y cubierta de cereza; ya estaba montada, pero necesitaba enfriarse un rato. Mientras mi hermana y yo la veíamos con la boca hecha agua, mi mamá levantó la tarta de la encimera para colocarla en el frigorífico cuando sucedió una tragedia. La tarta resbaló de sus manos, dio una voltereta y, ¡*plaf*!, cayó en el reluciente piso de la cocina. Durante un momento terrible, las dos la vimos impactadas. Luego, con una grande gracia, mi mamá abrió el cajón de la cubertería y sacó tres cucharas. "¡Comamos!", dijo con una sonrisa. Entonces todas nos sentamos y tuvimos una fiesta de tarta en el suelo. Dejando suficiente queso crema en el linóleo para protegernos de las bacterias, todas comimos lo que quisimos, limpiamos el resto y tuvimos un gran día.

Es un recuerdo que siempre atesoraré. Y sucedió porque mi madre decidió tener gracia y no enfadarse. Ella decidió que en lugar de hacer un gran problema del desastre, ella haría lo que Jesús hubiera hecho (si hubiera tirado una tarta alguna vez) y cubrió toda la situación de perdón y amor.

De verdad, cuando vamos al grano, eso es la gracia. Es hacer por los demás lo que Jesús ya hizo por nosotros. Es obedecer las instrucciones de 1 Pedro 4:1-2:

Puesto que Cristo ha padecido por nosotros en la carne, vosotros también armaos del mismo pensamiento; pues quien ha padecido en la carne, terminó con el pecado, para no vivir el tiempo que resta en la carne, conforme a las concupiscencias de los hombres, sino conforme a la voluntad de Dios.

Cuando nos armamos de antemano con la decisión de seguir el ejemplo de Cristo y sufrir si es necesario, en lugar de actuar sin gracia, colocaremos la voluntad de Dios por sobre la nuestra. Le abrimos la puerta para que se mueva en maneras asombrosas, no solamente en nuestra propia vida, sino también en la vida de los demás.

Algunas veces la gracia que extendemos dejará una pequeña pero duradera impresión en los demás. Hará en ellos lo que la fiesta de tarta de mi madre hizo por mí. Otras veces, nuestra gracia hará el tipo grande de diferencia que cambia una vida por completo.

Hace algunos años, una conocida maestra de la Biblia describió un momento como ese mientras ministraba en Gateway. Ella nos contó acerca de un desafío de gracia que enfrentó cuando predicó acerca de la sanidad divina en una iglesia en particular. El servicio marchó bien, o eso pensó ella; pero luego de terminar su mensaje, el pastor de la iglesia pasó al púlpito y refutó todo lo que ella había dicho.

Estaba asombrada. Ella le había consultado antes acerca de la enseñanza que deseaba transmitir, y él le había dado su bendición. Sintiéndose helada en su asiento de la primera fila, escuchándolo decirle a la congregación cuán equivocada estaba ella, se sintió humillada, traicionada y enfadada.

Pero en medio de todo, el Espíritu Santo le habló al corazón. *El mensaje que todos recordarán es la mirada de tu rostro en este momento,* le dijo Él. Era verdad, y ella lo sabía. De manera que en lugar de salir enfurruñada como deseaba hacerlo desesperadamente, ella plasmó una gran sonrisa en su rostro.

¿Desea saber lo que sucedió después?

Para el asombro de todos, el poder sanador de Dios irrumpió

justo ahí en el servicio. Sanidades extraordinarias sucedieron. Hubo milagros, milagros que todo mundo se habría perdido si una mujer hubiera respondido con una actitud de Séfora en lugar de tener una actitud de gracia.

La palabra con S

Encuentre favor a través de la sumisión bíblica

Como los repartimientos de las aguas, así está el corazón del rey en la mano de Jehová; a todo lo que quiere lo inclina.

PROVERBIOS 21:1

Ella *recorrió las pantallas de televisión* estadounidenses en la década de 1970. Siempre estando desaliñada en su casa con vestido y delantal, con su cabello color ratón en un estado enervante de alarma, ella rápidamente se convirtió en el símbolo de todo lo que las mujeres contemporáneas *no* desean ser.

Al responder a los gritos que le daba su esposo sentado cómodamente en su gran sillón con su típico chillido: "¡Ya voy, Archie!", ella se rendía débilmente a sus constantes demandas. Daba excusas atolondradas para su comportamiento inexcusable. Dulce pero despistada, no tenía poder en el mundo y ejercía poca influencia incluso en su propio hogar. Y aunque nos hacía reír, nos dejó con una imagen de sumisión suficientemente siniestra como para que cualquier mujer sensata saliera gritando de terror en la dirección contraria.

Ninguna persona en sus cabales desea ser Edith Bunker.

Por lo que la última vez que hablé de la sumisión, inicialmente le dije al grupo que hablaría de la palabra con S. Cuando todas sonrieron y parecía que estaban ansiosas por escuchar más, yo supe que estaban pensando en una palabra distinta con S. El tema de la sumisión rara vez genera tal respuesta entusiasta. Al igual que los rizadores, las fajas y los utensilios de cocina que no pueden meterse en el horno de microondas, está fuera de estilo y muchas mujeres esperan que nunca regrese. Puedo comprender por qué. La imagen antigua de la sumisión no encaja con nuestra mentalidad del siglo veintiuno. Las mujeres estos días, ya sean amas de casa o ejecutivas de empresas, desean cambiar el mundo y moldear la cultura. Aspiramos a hacer avanzar el Reino de Dios, construir una familia fuerte, bendecir a las multitudes, impactar la escena política, crear empleos y defender causas para enriquecer la vida de la gente.

¿Cómo podemos triunfar en tales cosas y ser sumisas a la vez? Lo crea o no, yo puedo resolver esa pregunta con una sola palabra.

Ester.

Como una de las mujeres más asombrosas de la Biblia, Ester proporcionó una prueba atemporal de cuán poderosa puede ser una actitud de sumisión. Su influencia afectó poderosamente no solo al rey, sino también a un reino tan grande que iba desde la India hasta Etiopía. Su sabiduría cambió las leyes de la nación. Su intervención impidió un genocidio y salvó a la raza judía. En otras palabras, Ester, aunque era famosa por la gracia de su sumisión a las autoridades de su vida, no era ninguna Edith Bunker.

La predecesora de Ester en el palacio del rey Asuero, la reina Vasti, perdió la corona cuando tomó una posición común en nuestros días, pero extraña en los suyos: se negó a someterse a su esposo. Cuando le pidió que se le uniera al banquete real, ella declinó y señaló que tenía mejores cosas que hacer.

La Biblia no nos dice por qué lo hizo. Estoy segura de que pensó que las razones eran buenas. Posiblemente ella no deseaba marcharse de la fiesta que estaba dando para las mujeres de su palacio real. Posiblemente ella no sentía que estaba a la altura de los amigos de su esposo. Posiblemente estaba cansada y tenía jaqueca. Cual fuera la excusa, al rey no le pareció bien, y consultó con sus consejeros qué hacer. Luego de discutir acerca de su comportamiento irrespetuoso, ellos llegaron a un consenso.

No solamente contra el rey ha pecado la reina Vasti, sino contra todos los príncipes, y contra todos los pueblos que hay en todas las provincias del rey Asuero. Porque este hecho de la reina llegará a oídos de todas las mujeres, y ellas tendrán en poca estima a sus maridos [...] Si parece bien al rey, salga un decreto real de vuestra majestad y se escriba entre las leyes de Persia y de Media, para que no sea quebrantado: Que Vasti no venga más delante del rey Asuero; y el rey haga reina a otra que sea mejor que ella. Y el decreto que dicte el rey será oído en todo su reino, aunque es grande, y todas las mujeres darán honra a sus maridos, desde el mayor hasta el menor.

—ESTER 1:16-17, 19-20

Aparentemente, Persia no estaba lista para una nación llena de divas domésticas. De manera que Vasti salió de escena sin su corona, y comenzó la búsqueda para un reemplazo.

Cuando Ester fue elegida como una posibilidad, todo mundo en el palacio debió haber percibido su llegada como refrescante. Al ser un completo contraste con Vasti, su tío Mardoqueo, quien la crió luego de que sus padres fallecieran, la había instruido para que fuera respetuosa y sumisa. Su actitud rápidamente se abrió camino para avanzar, y ella se volvió una favorita del personal real. Todos la amaban. Especialmente el rey, quien "puso la corona real en su cabeza, y la hizo reina en lugar de Vasti" (Ester 2:17).

Y casi vivieron felices para siempre

Suena como el final de un cuento de hadas, excepto por una cosa: ese es solamente el primer capítulo de la historia. Lo que sucedió después marca uno de los episodios más escalofriantes de la historia judía. Usted puede encontrar un recuento completo en el libro de Ester, pero la versión corta se reduce a esto: no mucho tiempo después de su boda, el nuevo esposo de Ester fue engañado por un malvado funcionario llamado Amán para que firmara un edicto que pedía la exterminación de todos los hombres, mujeres y niños judíos en el Imperio Medo-Persa.

Nadie más en el palacio sabía que Ester era judía. En obediencia a las instrucciones de Mardoqueo, ella no se los había dicho. Ella tenía una razón para creer que podría estar a salvo de la masacre si tan solo no llamaba la atención y guardaba silencio. Mardoqueo, sin embargo, le envió a decir que hiciera justo lo contrario. Le ordenó "que fuese ante el rey a suplicarle y a interceder delante de él por su pueblo" (Ester 4:8).

Es más fácil decirlo que hacerlo. El rey no había llamado a Ester en treinta días. De acuerdo con la ley, cualquiera—incluso la reina— que entrara en el salón del trono sin ser invitado, sería ejecutado, a menos que el rey hiciera una excepción al extenderle su cetro de oro a esa persona (versículo 11). Ester le explicó a Mardoqueo el peligro, pero él no mostró conmiseración.

> No pienses que escaparás en la casa del rey más que cualquier otro judío. Porque si callas absolutamente en este tiempo, respiro y liberación vendrá de alguna otra parte para los judíos; mas tú y la casa de tu padre pereceréis. ¿Y quién sabe si para esta hora has llegado al reino?
>
> —Versículos 13-14

Al quebrantar el antiguo estereotipo, la respuesta que le dio Ester a Mardoqueo, aunque sumisa, no fue ni atolondrada ni débil:

> Ve y reúne a todos los judíos que se hallan en Susa, y ayunad por mí, y no comáis ni bebáis en tres días, noche y día; yo también con mis doncellas ayunaré igualmente, y entonces entraré a ver al rey, aunque no sea conforme a la ley; y si perezco, que perezca.
>
> —Versículo 16

No es solo para mujeres, y definitivamente no es para débiles

Olvídese de Edith Bunker. Las mujeres que se someten como Ester lo hizo, no son débiles. Son mujeres de fe. Son creyentes valientes que saben lo que dice la Biblia: "Como los repartimientos de las aguas, así está el corazón del rey en la mano de Jehová; a todo lo que quiere lo inclina" (Proverbios 21:1). Son chicas valientes que confían en que Dios se moverá en el corazón de las autoridades de su vida, y obrará todas las cosas para su bien.

Yo sé lo que probablemente esté pensando. Usted ha visto mujeres que han sido intimidadas para someterse. Son serviles y se postran ante su marido o su jefe, ellas obedecen por temor, no por fe. Pero hay una diferencia entre obedecer y someterse. La obediencia puede forzarse. La sumisión no. Es una actitud, no solamente una acción, y para ser genuina debe surgir de un corazón dispuesto.

Cuando conduzco dentro de los límites de velocidad, porque hay un policía cerca que puede multarme, eso es obediencia. Cuando observo el límite de velocidad porque honro la ley, esté cerca el policía o no, eso es sumisión. Y no es solo para mujeres. Todo aquel que desea que sus oraciones sean respondidas y recibir de Dios, debe saber cómo someterse.

Incluso los centuriones romanos.

Lea Mateo 8 y entenderá a qué me refiero. Cuenta acerca de un centurión romano que se acercó a Jesús y le pidió que sanara a su siervo. Cuando Jesús respondió: "Yo iré y le sanaré" (versículo 7), el centurión respondió:

> Señor, no soy digno de que entres bajo mi techo; solamente di la palabra, y mi criado sanará. Porque también yo soy hombre bajo autoridad, y tengo bajo mis órdenes soldados; y digo a éste: Ve, y va; y al otro: Ven, y viene; y a mi siervo: Haz esto, y lo hace.
>
> Al oírlo Jesús, se maravilló, y dijo a los que le seguían: De cierto os digo, que ni aun en Israel he hallado tanta fe.
>
> —Versículos 8-10

Observe la respuesta de Jesús: "Yo iré y le sanaré". Él no dijo: "No me interesan los siervos". Él no dijo: "Deseo que muera, porque la gente se salvará en su funeral". No, la voluntad de Dios es sanar y salvar. Él desea obrar milagros. Pero para que nosotros experimentemos esos milagros, necesitamos comprender la autoridad de la misma forma que el centurión.

Él sabía que todo mundo en la Tierra, incluso Jesús, es parte de una cadena de orden. Él aprendió en el ejército romano que someterse a la autoridad le da autoridad al soldado mismo. *Yo tengo a alguien arriba de mí, por lo tanto, tengo a alguien debajo de mí*, razonó. *Yo estoy bajo autoridad, por lo tanto, tengo autoridad.*

De acuerdo con Jesús, esa revelación fue la clave de la gran fe del centurión. Eso lo hizo confiar en el derecho que Jesús tenía de soltar poder divino en su representación. Él razonó que debido a que Jesús estaba sometido a Dios y que él estaba sometido a Jesús, las bendiciones del cielo podían fluir libremente. Como resultado, su siervo fue sanado esa misma hora (ver Mateo 8:13).

Cuando se es soldado, siervo o reina de belleza, la sumisión es algo bueno. No solamente nos trae un ascenso divino, como sucedió con Ester, y nos coloca en el lugar correcto para recibir el poder de Dios, como lo hizo con el centurión; también nos protege.

No puedo contar las veces en que someterme a Robert Morris me ha salvado del dolor, los problemas y la vergüenza. O las veces en que no me sometí y me arrepentí, como el día hace años en que estábamos conduciendo hacia casa luego de una reunión en el oeste de Texas. Robert, agotado por predicar, me pidió que condujera. Cuando me pasé al lado del conductor, me dijo: "No excedas la velocidad".

Yo estuve de acuerdo, por supuesto, en teoría.

Luego coloqué el regulador de velocidad a sesenta y siete. Cierto, eso era un poco más rápido del límite de velocidad establecido de sesenta y cinco. Pero yo estaba segura de que podía manejarlo. Tan segura, de hecho, que ni siquiera toqué el freno cuando pasé la patrulla de caminos al lado de la carretera... hasta que vi las luces parpadeando por mi retrovisor.

Compasivamente, el oficial solamente me dio una advertencia en lugar de una multa. Pero aun así, una vez que estuve lejos del alcance de su oído, expresé mi indignación. "¡Eso es absurdo!—dije—. ¡Solamente iba a sesenta y siete!".

Robert solamente me miró. "Te dije que no elevaras la velocidad", me dijo.

Ese fue un incidente trivial, pero ilustra un hecho espiritual importante: cuando salimos de debajo de nuestra autoridad delegada, nuestra fe se debilita, nuestra propia autoridad es socavada y nos volvemos presa del enemigo (no estoy insinuando que la patrulla de caminos sea el enemigo). Por lo tanto, si deseamos vivir en victoria, debemos aprender a someternos a la estructura de autoridad de Dios.

Jesús mismo nos mostró cómo. Toda su vida en la Tierra fue de sometimiento y sumisión, no solo a su Padre celestial, sino también a las autoridades terrenales.

- De pequeño, cuando vivía con sus padres, Él "estaba sujeto a ellos" (Lucas 2:51).
- Se sometió al bautismo en agua de Juan, aunque no lo necesitaba (ver Mateo 3:15).
- Se sometió a los gobernantes religiosos y pagaba el impuesto del templo, como si el Hijo de Dios no debiera estar exento de él (ver Mateo 17:27).
- Se sometió al gobierno romano y les enseñó a los demás judíos a darle "a César lo que es de César" (Marcos 12:17).
- Les dijo a sus discípulos que se sometieran a los escribas y a los fariseos, porque ellos ocupaban el lugar autoridad de Moisés (ver Mateo 23:3).
- Él se sometió a sí mismo a Dios y a la cruz, haciendo la oración suprema de sumisión: "Padre, si quieres, pasa de mí esta copa; pero no se haga mi voluntad, sino la tuya" (Lucas 22:42).

Un baile, no una marcha

Aunque ha ganado una mala reputación, la sumisión llevada a cabo de acuerdo con el diseño de Dios, en realidad es hermosa, especialmente la sumisión entre un esposo y una esposa. Pone orden en el hogar. (Dios le da orden a todo aquello por lo que se preocupa. Él decretó un orden para la creación, un orden para la Iglesia y un orden para el matrimonio). Pero no es un orden rígido o una marcha autoritaria al estilo militar.

La sumisión divina en el matrimonio es más como un baile, un vals. Si tanto el esposo como la esposa sobresalen en los papeles que les corresponden, es imposible detectar quién está llevando el paso. El esposo dirige y la esposa sigue, pero ambos parecen moverse como uno. Al someterse "unos a otros en el temor de Dios" (Efesios 5:21), ellos flexionan y fluyen juntos a medida que siguen las instrucciones de las Escrituras.

Las casadas estén sujetas a sus propios maridos, como al Señor; porque el marido es cabeza de la mujer, así como Cristo es cabeza de la iglesia, la cual es su cuerpo, y él es su Salvador. Así que, como la iglesia está sujeta a Cristo, así también las casadas lo estén a sus maridos en todo [...] Así también los maridos deben amar a sus mujeres como a sus mismos cuerpos. El que ama a su mujer, a sí mismo se ama. Porque nadie aborreció jamás a su propia carne, sino que la sustenta y la cuida, como también Cristo a la iglesia.
—Versículos 22-24, 28-29

Dios nos dio esas instrucciones no para lastimarnos, sino para ayudarnos. Posiblemente si el pecado nunca hubiese entrado a escena y Adán y Eva no hubiesen caído, nosotros no necesitaríamos la estructura de autoridad en el matrimonio. Nuestra voluntad estaría completamente unida con Dios y con los demás, tanto que la sumisión no sería cuestión de polémica. Pero debido a la caída, cada uno terminamos con una voluntad individual y necesitamos un plan que mantenga las cosas fluyendo correctamente cuando no estamos de acuerdo. Y Dios nos dio uno. No es un plan maligno; es un plan bueno. Es para nuestro beneficio.

Bajo el plan de Dios, cuando un esposo y una esposa no pueden estar de acuerdo en algo y se debe tomar una decisión, entonces el esposo carga con la responsabilidad: él tiene que tomar una decisión. Eso no significa, sin embargo, que la esposa deba guardarse su opinión, poner cara feliz, y simplemente seguir marchando como un pequeño soldado cristiano que intenta sobrevivir.

Yo solía pensar que eso requería la sumisión, y cometí algunos errores como consecuencia. El más costoso que cometí fue el año en que Robert y yo cambiamos a nuestro hijo James a una escuela cristiana nueva. Habíamos escuchado cosas grandiosas de la escuela y sonaba bien, pero yo nunca sentí paz al respecto. Continuaba sintiendo en mi corazón que la educación pública sería una mejor decisión.

La escuela cristiana era muy costosa, y teníamos que pagar todo el año por adelantado. El día de la inscripción, Robert y yo condujimos hacia la escuela e hicimos un cheque. En ese tiempo representaba mucho dinero para nosotros—todavía, ahora que lo pienso—, y yo pensé que podríamos estar cometiendo un error. Pero no le comuniqué a Robert mi recelo.

Puede adivinar lo que sucedió. Resultó ser un desastre. El primer semestre fue terrible, y durante las vacaciones de navidad transferimos a nuestro hijo a una escuela pública (en la que le fue muy bien, por cierto). Fue una lección difícil que aprender y me enseñó que Robert necesita mi punto de vista. Él necesita que yo sea parte del proceso de la toma de decisiones. Aunque él tiene la última palabra en nuestra familia, no se supone que sea un llanero solitario. Dios me lo ha dado como un compañero. Si no le comparto mis opiniones, preocupaciones o entendimiento, a él le falta esa parte de entendimiento que Dios desea que él tenga.

Aunque es triste decirlo, algunos esposos no valoran a su esposa como compañera. Algunos incluso intentan usar el concepto que está en las Escrituras acerca de la sumisión para dominar y controlar. De manera que quiero dejar esto muy claro: la Biblia no condona el autoritarismo, y no requiere que una mujer sea sometida al abuso de ningún tipo físico ni psicológico. Las esposas siempre deben tener la libertad de ceder con amor al liderazgo de su esposo por elección, no porque se les ha presionado o forzado. En un matrimonio, esa es la única atmósfera en que puede sobrevivir la sumisión genuina.

Lo que es más, la Palabra de Dios siempre es la autoridad final de una mujer. Si su esposo le pide hacer algo que ella considera que es pecaminoso, ella no solamente tiene el derecho sino también la responsabilidad de decir que no. Eso es lo que debió haber hecho Safira en Hechos 5. Cuando a Ananías se le ocurrió la idea de mentir acerca de la ofrenda que ellos le dieron a la iglesia, ella debió haberse negado a ir con él. Pero no lo hizo, y eso le costó la vida.

Cuando se involucran asuntos de pecado, las mujeres cristianas necesitan establecer la norma en su hogar. Ellas deben decir: "No, eso no es aceptable. Si tú decides hacerlo, yo no seré parte de ello". Si un esposo desea traer pornografía a la relación, por ejemplo, la esposa debe marcar una línea. Ella no tiene que ser mojigata al respecto. Ella puede explicar simplemente que eso está mal y que es dañino para la verdadera intimidad.

Luego puede sugerir algunas otras maneras de calentar la

habitación que no solamente alimentarán y sostendrán la verdadera relación, sino también serán mucho más divertidas. Ella puede decir: "Créeme, cariño, no necesitamos esas cosas pecaminosas para divertirnos. ¡Podemos tener un momento buenísimo sin ello!". Desde luego, para cumplir con tal promesa, tanto la esposa como el esposo deben esforzarse por igual. El romance genuino necesita energía. Si usted va a tener una noche salvaje sin la utilería impía que el mundo proporciona, tendrá que participar en un nivel mayor. Pero está bien. La paga definitivamente vale el esfuerzo.

Un curso intensivo de solicitudes

Si usted desea sobresalir en el arte de la sumisión divina, lo primero que necesita es un curso intensivo para presentar solicitudes. Una solicitud es una petición o súplica dirigida a una persona en autoridad con respecto a una decisión o juicio. Es una avenida que podemos utilizar para presentar nuestras peticiones, compartir nuestras revelaciones y expresar nuestras opiniones en la manera más eficaz, mientras mantenemos una actitud de gracia y sumisión.

Con respecto a las solicitudes, Ester es definitivamente la reina.

Pero desde luego, ella tuvo que serlo. Cuando le presentó su solicitud al rey Asuero en nombre del pueblo judío, era un asunto de vida o muerte. Ella no podía permitirse arruinarlo. Es por eso que ella no se apresuró a interactuar sin pensar. En cambio, se preparó. Buscó la sabiduría, la asistencia y la unción de Dios a través de la oración y el ayuno.

Al hacerlo, estableció un asombroso ejemplo que seguir para el resto de nosotras. Cierto, rara vez necesitamos orar y ayunar durante tres días como ella lo hizo, antes de acercarnos a nuestro jefe o nuestro esposo con respecto a un asunto (incluso un asunto importante), pero siempre debemos pedirle al Señor que nos ayude y nos muestre la mejor manera de manejar nuestras solicitudes.

En mi propia vida me he dado cuenta de que no tengo que temer someterme a lo que decida mi autoridad, mientras yo sepa que Dios está involucrado. Después de todo, Él me ama. Él se preocupa por los detalles de mi vida, y Él está atento a mí. Él también sostiene el corazón del rey (tal como mi esposo o cualquier otra autoridad) en su mano, y puede transformarlo como desee. De manera que si oro, puedo estar confiada en que Él obrará las cosas de acuerdo con mi mejor interés.

Estoy segura de que Ester se sintió igual. Sus oraciones le dieron la confianza en medio de una situación potencialmente aterradora. Ellas la ayudaron a escuchar a Dios decirle exactamente lo que debía hacer y decir. Posiblemente durante los días en que buscó a Dios y ayunó, ella se paró frente al espejo y ensayó su reunión con el rey. Posiblemente se le ocurrieron varias maneras de acercarse a él y buscó el consejo del Señor acerca de lo que era mejor. Lo que haya hecho, nosotras sabemos esto con seguridad: ella recibió la dirección que necesitaba, luego "aconteció que al tercer día se vistió Ester su vestido real, y entró en el patio interior de la casa del rey, enfrente del aposento del rey; y estaba el rey sentado en su trono en el aposento real" (Ester 5:1).

Observe, Ester se presentó ante el rey en una manera agradable. Ella entró ante él con belleza y dignidad, como una persona de influencia. Ella no entró bruscamente en el aposento real con su bata y pantuflas, y cenizas de luto en la cabeza. Ella entró con una actitud positiva y un rostro agradable.

Usted y yo tendremos más éxito en nuestras solicitudes si hacemos lo mismo. Nuestra actitud y nuestro rostro hacen una gran diferencia en la manera en que somos recibidas. Si entramos en una conversación con nuestro esposo o en una reunión con nuestro jefe, frunciendo el ceño y haciendo puchero, es probable que vayamos directo a la resistencia. Si entramos con aplomo emocional y una sonrisa, es probable que nos reciban con favor.

Cuando tengo una buena actitud, parece que puedo decir casi cualquier cosa y resultará bien. Pero cuando mi actitud es equivocada, no importa cuán correctas puedan ser mis palabras y mis acciones, me meto en problemas.

Las malas actitudes siempre regresan a mordernos.

De igual manera el tiempo incorrecto. Es por ello que Ester no entró corriendo en el aposento real en el instante que se enteró del edicto que él había firmado. Ella esperó hasta el tercer día.

En lo concerniente a influir en la gente, no es solamente *lo que* decimos lo que cuenta, también cuenta *cuándo* lo decimos. El tiempo correcto es importante. Elegir el momento correcto para hablar con alguien nos da una mejor oportunidad de ser escuchadas. Nos da más favor.

Cuando mi hija, Elaine, era adolescente, yo solía decirle: "¡El momento correcto lo es todo!". Pero ella rara vez atendía mi consejo. Ella invariablemente le solicitaba cosas a Robert justo cuando entraba por la puerta, luego de un día largo y agotador. Antes de que siquiera pudiera decir hola, ella lo golpeaba con una petición de dinero o le pedía las llaves del coche, o lo forzaba a darle permiso para ir a algún lugar el viernes en la noche. A menudo, su respuesta no era lo que ella esperaba.

"Elaine, solo dale algunos minutos para respirar—yo le decía—. Espera a que descanse y se relaje un poco. Luego, ¡pídele suavemente lo que deseas y obtendrás más!". Sin embargo, ella normalmente no me escuchaba. Ella se parece mucho a él. Desea que las cosas se hagan *ahora*.

Pero como todos debemos aprender finalmente, *ahora* no siempre está bien. Cuando Robert y yo vamos camino a la iglesia y él está a punto de predicar, por ejemplo, yo me he dado cuenta de que lo ideal es no traer a colación ciertos temas. Ese no es el momento correcto para hablar acerca de dinero, para compartir mis sueños o hablar acerca de cualquier preocupación. Aunque yo tenga minutos a solas con él y él esté callado, su silencio significa que él está pensando en el servicio; no significa que se esté preguntando qué tengo en mi mente.

Si espero hasta después de que haya predicado y haya tenido tiempo para relajarse, yo puedo hablar de todo con él, y será mucho más responsivo. Me pondrá atención y me escuchará, y, como puede imaginarse, eso es mucho más gratificante para ambos.

Preguntas y respuestas

Aparentemente, el tiempo de Ester fue el perfecto, porque cuando el rey la vio en el patio:

Y cuando vio a la reina Ester que estaba en el patio, ella obtuvo gracia ante sus ojos; y el rey extendió a Ester el cetro de oro que tenía en la mano. Entonces vino Ester y tocó la punta del cetro.

Dijo el rey: ¿Qué tienes, reina Ester, y cuál es tu petición? Hasta la mitad del reino se te dará.

Y Ester dijo: Si place al rey, vengan hoy el rey y Amán al banquete que he preparado para el rey.

—ESTER 5:2-4

Sorprendente, ¿no? Aquí, Ester tuvo la oportunidad de expresar sus quejas directamente al rey, pero se refrenó, decidiendo en cambio un acercamiento indirecto: ella le hizo una invitación. Ella invitó al rey a una cena y le sugirió que llevara al asesino Amán con él.

El rey aceptó su invitación. Llevó a la cena a Amán y le preguntó por segunda vez a Ester: "¿Cuál es tu petición, y te será otorgada? ¿Cuál es tu demanda? Aunque sea la mitad del reino, te será concedida" (versículo 6).

Una vez más, en lugar de soltar abruptamente su solicitud, Ester les pidió a Amán y al rey que fueran a otro banquete a la noche siguiente. Y luego añadió: "Y mañana haré conforme a lo que el rey ha mandado" (versículo 8). Esto es lo que Ester entendió, y que todas tenemos que aprender: confrontar los problemas de frente no es siempre el mejor plan. A menudo es más fácil influir en una persona de autoridad y mantener una actitud de humildad y sumisión al hacer preguntas.

Yo de verdad lo he visto en mi vida. Cuando Robert y yo no estamos de acuerdo en algo, en lugar de machacarlo con mi punto de vista contrario, yo prefiero hacerle buenas preguntas. Algunas veces estas me ayudan a considerar el problema desde mi propia perspectiva. Otras veces me ayudan a comprender mejor (y por lo tanto, cooperar) con su perspectiva. De cualquier manera, he encontrado que las preguntas son bastante más beneficiosas, de manera que la animo a utilizarlas.

Por ejemplo, digamos que su esposo anuncia con gran entusiasmo que va a comprar una nueva computadora, y usted no puede ver cómo encajará eso en su presupuesto. Antes de decirle que es una mala idea, hágale algunas preguntas. Descubra lo que encendió su deseo de una nueva computadora. Pregúntele cómo desea utilizarla. Pregúntele si hay una manera de recortar el presupuesto familiar para que el gasto no termine siendo un desafío económico.

Asegúrese de que sus preguntas sean comprensivas, sin embargo. No las utilice para atacar o criticar. Diga algo como: "Cariño, puedo ver que esto es importante para ti, y yo deseo que lo tengas. Solo me gustaría que pensáramos en los problemas potenciales con anticipación".

Una vez que haya hecho sus preguntas, dele tiempo para considerarlas. Deje que él organice sus pensamientos sin la presión de usted. Cuando hago eso con Robert, algunas veces él olvida por completo lo que le pregunté. Un día o dos después, se le enciende el foco y entiende mi punto, y piensa que es su propia idea. Eso me gusta. Yo solo me quedo callada y me gozo de que él tenga la respuesta que necesita (y es una respuesta con la cual estoy de acuerdo).

Desde luego, no estoy sugiriendo que debamos usar las preguntas como un medio de manipulación. Nuestra meta al preguntar nunca debe ser salirnos con la nuestra ni controlar el resultado de la situación. Lo que deseamos es meramente ayudar a nuestro esposo a conectarse completamente con su corazón y su mente. Mientras confiemos en que Dios le hable a nuestro esposo y lo dirija de acuerdo con su voluntad, la manipulación será lo más remoto en nuestra mente.

Solo los hechos, señora

Fue, pues, el rey con Amán al banquete de la reina Ester. Y en el segundo día, mientras bebían vino, dijo el rey a Ester: ¿Cuál es tu petición, reina Ester, y te será concedida? ¿Cuál es tu demanda? Aunque sea la mitad del reino, te será otorgada.

Entonces la reina Ester respondió y dijo: Oh rey, si he hallado gracia en tus ojos, y si al rey place, séame dada mi vida por mi petición, y mi pueblo por mi demanda. Porque hemos sido vendidos, yo y mi pueblo, para ser destruidos, para ser muertos y exterminados. Si para siervos y siervas fuéramos vendidos, me callaría; pero nuestra muerte sería para el rey un daño irreparable.

—Ester 7:1-4

¿Sabe usted lo que me resulta en estos versículos acerca de la manera en que Ester finalmente presentó su demanda? Ella no se anduvo con rodeos. Creo saber por qué: el rey Asuero era un tipo que iba al grano. Como la mayoría de los hombres, él prefería escuchar "solo los hechos, señora". Entonces eso le dio Esther.

Yo puedo identificarme. No puedo llenar a mi esposo de detalles, luego esperar que él los examine y se dé cuenta de por qué son importantes. Para que él me escuche, yo tengo que condensar lo que tengo que decir y luego darle la versión resumida. Tengo que declarar mi caso en su idioma, lo cual significa que es mejor que le dé solamente tres puntos, y es todavía mejor si todos comienzan con la misma letra.

Lo que es más, cuando estoy presentándole un problema, intento decirle de frente lo que deseo que él haga al respecto. Si solo deseo un oído que me escuche, se lo digo tal cual. De otra manera, él se pasará toda la conversación dándome soluciones. A los hombres les fascina arreglar cosas. Eso es lo que ellos hacen. De manera que si usted le está solicitando algo a un hombre—esposo, jefe, pastor o amigo—, es sabio explicar claramente sus expectativas.

Eso fue lo que hizo Ester. En dos enunciados, ella le dijo al rey cuál era el problema y cómo podía solucionárselo. En esencia, ella dijo: "Mi pueblo y yo hemos sido sentenciados a muerte. Te estoy pidiendo que salves nuestra vida". Y ella obtuvo la mejor respuesta posible.

> Respondió el rey Asuero, y dijo a la reina Ester: ¿Quién es, y dónde está, el que ha ensoberbecido su corazón para hacer esto?
>
> Ester dijo: El enemigo y adversario es este malvado Amán.
>
> [...] Así colgaron a Amán en la horca.
>
> —Ester 7:5-7, 10

Una vez que Amán estaba muerto, el rey expidió un nuevo decreto que convocaba a los judíos a tomar las armas, destruir a quienes los odiaban y saquear las casas de sus enemigos. "Y en cada provincia y en cada ciudad donde llegó el mandamiento del rey, los judíos tuvieron alegría y gozo, banquete y día de placer. Y muchos de entre los pueblos de la tierra se hacían judíos, porque el temor de los judíos había caído sobre ellos" (Ester 8:17).

¡Qué gran resultado! Me encanta, ¿y a usted? Es maravilloso cuando las solicitudes producen el resultado exacto que deseamos. Es grandioso cuando los reyes de nuestra vida toman la decisión correcta.

Pero eso no es lo que siempre sucede. Algunas veces (en situaciones menos extremas que la de Ester), nuestras autoridades toman decisiones que pensamos que son equivocadas. ¿Qué debemos hacer en tales ocasiones? A menos que la decisión sea pecaminosa en algún sentido, una vez que está tomada, debemos someternos y apoyarla.

Un esposo necesita especialmente que su esposa apoye sus decisiones. Él depende de ella para afirmar su habilidad de dirigir. Él desea saber que ella cree en él y confía en que Dios le mostrará la acción correcta. Algunas veces el esposo cuya esposa no logra expresar tal confianza en él, teme ser un líder, no solamente en casa sino también en su empleo. Teme conseguir un ascenso en el empleo o abrir un nuevo negocio, porque piensa que si su esposa no cree lo suficiente en él para seguir su liderazgo, nadie más lo hará.

Esposas, por favor créanme cuando digo esto: la sumisión edifica a los hombres. Estoy convencida de que Robert es el líder que es hoy en parte, porque hace treinta y un años decidí someterme a él, incluso cuando comete errores. Y sí, a lo largo del camino él ha cometido errores. Todos los cometemos. Pero cuando era una joven esposa, decidí ver sus decisiones—buenas o malas— como si fueran mías también. Algunas veces tuve que sufrir en un silencio misericordioso a través de algunas consecuencias desagradables que resultaron; pero aun así, yo intenté lo mejor que pude estar con él. Yo no fui a decirles a mis amigas ni a mis padres acerca de la mala decisión que él tomó. No, lo cubrí, y al hacerlo, lo vi aprender de cada error. Lo vi crecer día a día para convertirse en un líder más fuerte.

"¿Pero qué si mi esposo tiene un historial negativo de decisiones?", se puede preguntar usted.

Entonces ore por él. Una mujer que se somete a su esposo puede mover el cielo con grande fe, y Dios se moverá en él en maneras poderosas, solo para su beneficio. Le digo esto, no solo porque la Biblia lo diga, sino porque lo he visto suceder.

Hace años, cuando Robert estaba menos pulido, tomaba

decisiones que yo no aprobaba e ignoraba mis solicitudes, yo pasé mucho tiempo en oración para que su corazón girara en la dirección correcta. Y Dios respondió en maneras que a veces me asombraban. Él peleó batallas por mí que yo no habría esperado que siquiera le importaran.

Una de ellas que me resalta particularmente: Robert había estado fuera de casa en un viaje del ministerio durante varias semanas. Los niños y yo habíamos planeado un día de diversión familiar para podernos reconectar mutuamente cuando él regresara. Robert sabía acerca del plan y prometió apartar el día para pasarlo con nosotros.

Justo después de que llegó a casa del aeropuerto, sin embargo, un amigo le llamó y le pidió que jugaran golf en un club campestre muy lindo. Nosotros no teníamos mucho dinero para gastar en golf entonces, y ya que el amigo le había ofrecido pagarle, parecía (es decir, le parecía a Robert) como una oferta demasiado buena para ser verdad. De manera que me preguntó cómo me sentiría si aceptaba.

"Bien, realmente estamos ansiando nuestro día familiar, de manera que nos desilusionaríamos—dije. Entonces, después de hacer una oración silenciosa pidiendo por la gracia de ser linda al respecto, añadí—: Pero si deseas jugar golf, está bien. Ve".

A menos que usted piense demasiado como Edith Bunker, le aseguro que eso no fue ceder débilmente. Con los años he aprendido que tengo que elegir mis batallas. No puedo darme el lujo de hacer grandes líos por molestias pequeñas. Debo guardar mi voz para los asuntos esenciales si deseo maximizar mi influencia. Cuando veo qué patrones destructivos están emergiendo o siento que cierto procedimiento violará el valor intrínseco de nuestra familia, digo algo al respecto; hago una solicitud energética.

Pero en este caso, yo no sentí que debía hacerlo. Robert no tiene el hábito de desilusionar a nuestra familia. Él es un esposo y padre amoroso y atento. Su deseo de jugar golf fue solo un asunto de preferencia personal. Debido a que no era incorrecto y no provocaría ningún daño real, decidí mantener la armonía de nuestro hogar y mantener mi paz. Por lo tanto me quedé callada.

Dios, por otro lado, no lo hizo. Como Robert me confesó más

tarde, cuando él salía por la puerta con sus palos de golf, escuchó que el Señor le dijo: "No vayas".

Por una vez, Robert no fue obediente. "Voy a jugar golf, Dios—respondió—. Debbie dijo que estaba bien".

Conduciendo hacia el club de campo, se dio cuenta de que estaba sintiendo una jaqueca. Empeoró a cada kilómetro, de manera que se detuvo en una gasolinera y compró aspirina. Al tragar un par de tabletas, regresó al coche y continuó—con la cabeza pulsándole—determinado a jugar golf. Para cuando su amigo y él comenzaron, además de la jaqueca, comenzó a sentir náuseas. En el primer hoyo, justo frente a su amigo y los demás jugadores, llegó a su punto de quiebre...y vomitó.

"De acuerdo, Señor, tú ganas", dijo, arrastrando sus palos de golf de vuelta al coche.

Mientras conducía a casa, Dios le dio sus instrucciones: *Dile a Debbie que no debiste haber ido a jugar golf. Arrepiéntete con ella y yo te sanaré.*

¡Tengo una jaqueca! No deseo decirle que lo siento, argumentó.

Al final, desde luego, Robert escuchó al Señor. Llegó a casa, se arrepintió, Dios lo sanó de la jaqueca y nuestra familia pasó una grandiosa tarde juntos. Mi esposo aprendió una buena lección; las cosas obraron para mi beneficio sin tener que soltar una rabieta o actuar desagradablemente; y una vez más, le agradecí al Señor—y a Ester—por enseñarme lo que puede hacer la sumisión.

Deje atrás el bagaje

Venza la inseguridad

Y he aquí que María estaba leprosa como la nieve
[...] Así María fue echada del campamento siete
días; y el pueblo no pasó adelante hasta que se reunió
María con ellos.

NÚMEROS 12:10, 15

El día que comencé la escuela, mi maestra de primer grado le declaró la guerra al gran estado de Texas. Esa era puramente una guerra académica, desde luego. No volaron balas. No explotaron bombas. Pero aun así hubo decesos. Y en una cálida mañana de septiembre, mientras rodeaba el crayón con los dedos y comencé a dibujar, me convertí en uno de ellos.

Mi maestra, al darme una hoja en blanco de papel manila en lugar de un cuadernillo de iniciación a la lectura, hizo el primer disparo. Para ser claros, ella no me estaba apuntando a mí. Su mira estaba puesta en una ley recién aprobada en Texas que requería que todos los niños de cinco años se inscribieran a la escuela, incluso los más pequeños del grupo cuyo cumpleaños cayera en agosto. De acuerdo con mi maestra, los bebés de agosto todavía eran demasiado inmaduros para el primer grado. Ellos no tenían esperanza de aprender a leer a una edad tan prematura. Por lo tanto, la ley debía ser cambiada. Y ella planeaba comprobarlo.

De ahí que mientras que otros niños practicaban el abecedario y se encontraban con las aventuras de Dick y Jane, ella nos llevaba a una mesa a los bebés de agosto como yo para que dibujáramos, permaneciéramos analfabetas y ella le comprobara su argumento a la junta escolar.

Yo no creo que la junta escolar se diera cuenta, pero mi madre sí. A mitad del año ella vio que yo no estaba aprendiendo a leer e intentó intervenir. Ella le pidió primero a la maestra, luego al director, que le proporcionaran la ayuda que necesitaba. Pero resulta que el director era el esposo de la maestra y un aliado en la guerra de Texas, por lo tanto sus esfuerzos por ayudarme eran demasiado poco entusiastas.

Al final del año, me promovieron a segundo sin examinarme... y sin poder leer. Mis padres y mis maestros no lograron identificar el problema y atribuyeron mis luchas escolásticas durante los siguientes años a una deficiencia de aprendizaje. El médico me recetó metilfenidato. La escuela me prescribió clases de educación especial.

Aparentemente, yo simplemente no era tan inteligente.

Al menos eso era lo que pensaba todo el mundo. Es decir, todos menos Dios. Sin que le impresionaran las opiniones de otras personas y mi propia inseguridad, Él no me vio intelectualmente inferior. Él creyó que yo podía aprender bien. Entonces cuando fui salva en quinto grado, durante un evento de evangelismo en nuestra iglesia, puso un hambre en mí para saber qué estaba en la Biblia. Luego Él me enseñó a leer.

Hasta hoy, no sé exactamente qué proceso utilizó. Nunca aprendí a sondear las palabras fonéticamente como mis hijos cuando estaban en la escuela. Nunca tuve un tutor que me ayudara a ponerme al corriente con las lecciones que me había perdido en el primer grado. Pero con la Biblia como mi libro de texto, de alguna manera descifré los jeroglíficos que me habían confundido durante años. Me volví una lectora decente y comencé a desempeñarme mejor en la escuela, aunque a menudo perdía puntos en mis composiciones de inglés por utilizar la ortografía de la versión King James.

Desearía poder decir que mi inseguridad se borró junto con mi analfabetismo. Pero no sucedió así. Incluso sin la ayuda de mi maestra de primer grado, mi sentido de inferioridad como "bebé de agosto" continuó. Y, como cualquier otro ser humano en el planeta, he estado luchando con la inseguridad en una manera o en otra desde entonces. El lado bueno es que he tenido un alentador progreso, y he intentado ganar esta lucha aunque me tome el resto de la vida. Tampoco lo haré como lo hizo María. Su inseguridad la hizo merecedora a quedar suspendida siete días cubierta de lepra. Aunque finalmente aprendió su lección, al estudiar su ejemplo, yo estoy aprendiendo la mía más fácilmente.

Eclipsada por Moisés

Para ser una mujer del tiempo del Antiguo Testamento, la Biblia le dedica a María mucho espacio. Como una actriz importante de los más grandes dramas de la Escritura, ella tuvo una infinidad de razones para sentirse insegura acerca de su lugar en el plan de Dios. Pero una cosa le molestaba: ella era perpetuamente eclipsada por su hermano menor. No importaba cuán bien representara su parte, Moisés siempre terminaba bajo los reflectores.

A ella no le importó al principio, cuando él solo era un bebé inquieto y gorjeante. Como la mayoría de las hermanas mayores, María pensó que Moisés era maravilloso entonces. Nacido en Egipto en el tiempo en que los niños hebreos fueron asesinados, él la necesitó, y ella se deleitó en estar ahí para él. Ella arriesgó su vida al ayudar a sus papás a esconderlo de los asesinos de bebés de faraón. Cuando hubo crecido demasiado como para esconderlo, ella trabajó junto con su madre para convertir una canasta de juncos en una cuna a prueba de agua.

El día en que la familia puso a Moisés en el río—y en las manos de Dios—, María no sintió ni una punzada de rivalidad fraternal. Justamente lo contrario. Sus ojos brillaron por las lágrimas cuando besó la suave mejilla de su pequeño hermano y se despidió de él. Su corazón se quebrantó cuando su madre y su padre pusieron su arca miniatura a flotar y la vieron alejarse en las aguas del feroz Nilo.

Aunque todos le habían pedido a Dios que guiara a Moisés a su destino divino, María no pudo soportar dejar que Moisés estuviera fuera de su vista todo el día. Corriendo por la orilla, siguió su pequeño barco mientras subía y bajaba por los juncos.

Ella pensó que posiblemente podía ahuyentar las serpientes

que podrían meterse en ella o bien—por la pura fuerza de su fe—mantenerla en las aguas bajas y alejada de las profundas corrientes que podrían volcarla fácilmente.

Y aunque no pudiera, por lo menos vería lo que sucedería después, y podría llevarles las noticias a sus padres. Buenas o malas, ellos desearían saberlas.

De todos los peligros que amenazaron al bebé Moisés, aquel que María no esperaba era la hija del faraón. Cuando su alteza real salió al río con sus siervas a bañarse, María sostuvo la respiración y se escondió. Luego oró. La canasta estaba flotando hacia el séquito real. Solamente Dios podía salvar al pequeño Moisés ahora.

Como era de esperarse, lo hizo.

La hija del faraón, al ver la curiosa embarcación, envió a una de sus doncellas para que la trajera. "Y cuando la abrió, vio al niño; y he aquí que el niño lloraba. Y teniendo compasión de él, dijo: De los niños de los hebreos es éste" (Éxodo 2:6).

De pronto, llegó el momento de que María brillara, y ella brilló. Al salir de su escondite, sorprendió a la hija del Faraón con una brillante idea: "¿Iré a llamarte una nodriza de las hebreas, para que te críe este niño?" (versículo 7).

Y la hija de Faraón respondió: Ve. Entonces fue la doncella, y llamó a la madre del niño, a la cual dijo la hija de Faraón: Lleva a este niño y críamelo, y yo te lo pagaré. Y la mujer tomó al niño y lo crió.

—Versículos 8-9

A medida que se desarrollaron los eventos, María supo que Dios había dirigido sus pasos y le había dado sabiduría. El Todopoderoso mismo le había otorgado un papel para salvar a Moisés, y fue un papel que ella disfrutó completamente. Durante los siguientes años, mientras su hermano crecía para convertirse en un bebé mayor, María atesoró las responsabilidades y el sutil sentido de superioridad que vienen por ser la hermana mayor. Ella pudo haberse quejado acerca del mal comportamiento y los desastres del pequeño Moisés, pero sonreía todo el tiempo.

Luego, un día todo cambió.

La hija de faraón se llevó a Moisés al palacio, donde tuvo un estilo de vida con privilegios reales. María permaneció en casa y se esforzó todos los días como esclava. Él tuvo una educación, mientras que ella horneaba pan y hacía ladrillos. Él se vestía de seda, mientras ella vestía harapos.

En algún lugar del camino, ella comenzó a sentirse inferior, y luego, la inseguridad entró.

Luego de que Moisés creció y huyó a Madián, María pudo haber dejado atrás sus inseguridades. Pero si lo hizo, estas volvieron a surgir. Por una buena razón. Cuando su hermano pequeño regresó de su pausa de cuarenta años en el patio trasero del desierto, hizo su entrada, no solamente como el hijo favorito de sus padres o un alto príncipe real, sino también como un profeta hacedor de milagros de Dios que estaba llevando a los israelitas a la libertad.

¿Quién puede competir con eso?

María definitivamente no pudo. O eso le parecía a ella. No importaba que ella fuera una profeta experimentada. Moisés—el mismo niño que le jalaba el cabello y le sacaba la lengua cuando crecían—, le había robado el escenario principal; estaba parada a su sombra, y no estaba segura de que ella siguiera siendo importante.

De manera que hizo lo que todas tendemos a hacer cuando la inseguridad comienza a conducirnos: recurrió al ataque, metiendo a su otro hermano, Aarón, a la refriega:

> María y Aarón hablaron contra Moisés a causa de la mujer cusita que había tomado; porque él había tomado mujer cusita. Y dijeron: ¿Solamente por Moisés ha hablado Jehová? ¿No ha hablado también por nosotros? Y lo oyó Jehová.
>
> —NÚMEROS 12:1-2

Aquí hay una palabra para las sabias: compararse con alguien más nunca ayuda para salir adelante. Nos deja sintiéndonos superiores y llenas de orgullo, o sintiéndonos inferiores y llenas de envidia. De cualquier forma, eso enfadará a Dios. Especialmente si la persona con quien nos estamos comparando es uno de los suyos. María comprobó esta verdad. Sus palabras de crítica y comparación apenas habían salido de sus labios, cuando...

Luego dijo Jehová a Moisés, a Aarón y a María: Salid vosotros tres al tabernáculo de reunión. Y salieron ellos tres. Entonces Jehová descendió en la columna de la nube, y se puso a la puerta del tabernáculo, y llamó a Aarón y a María; y salieron ambos.

Y él les dijo: Oíd ahora mis palabras. Cuando haya entre vosotros profeta de Jehová, le apareceré en visión, en sueños hablaré con él. No así a mi siervo Moisés, que es fiel en toda mi casa. Cara a cara hablaré con él, y claramente, y no por figuras; y verá la apariencia de Jehová. ¿Por qué, pues, no tuvisteis temor de hablar contra mi siervo Moisés?

Entonces la ira de Jehová se encendió contra ellos; y se fue. Y la nube se apartó del tabernáculo, y he aquí que María estaba leprosa como la nieve; y miró Aarón a María, y he aquí que estaba leprosa [...]

Así María fue echada del campamento siete días; y el pueblo no pasó adelante hasta que se reunió María con ellos.

—Versículos 4-10, 15

El fantasma de las Navidades pasadas

Estoy eternamente agradecida de ser una creyente en el Nuevo Pacto que vive en la dispensación de la gracia y la misericordia de Dios. De otra manera, habría tenido que pasar una semana o dos con lepra, ya que ha habido veces en mi vida en que me he sentido tan insegura como María. De acuerdo con la descripción de un autor:

La inseguridad se refiere a una profunda sensación de desconfianza en sí mismo; un profundo sentimiento de incertidumbre acerca de nuestro valor básico y nuestro lugar en el mundo. La inseguridad está asociada con la timidez crónica, junto con una falta crítica de confianza en uno mismo y ansiedad en nuestras relaciones. El hombre o la mujer inseguros viven en constante temor al rechazo y una profunda incertidumbre acerca de que sus sentimientos y deseos sean legítimos.

Puedo añadirle a la definición un "amén" y proporcionar cualquier cantidad de ejemplos personales. Yo no tengo un hermano menor llamado Moisés a quien culpar por los ejemplos. Tampoco puedo darle todo el crédito a mi maestra de primer grado.

El hecho es que yo contraje un masivo caso de inseguridad principalmente por mi cuenta. No fue necesario que nadie me robara el escenario. Yo "me puse en primer plano" a mí misma (si se puede decir así) tan dolorosamente y a una edad tan joven que juré a muy temprana edad nunca subirme de nuevo al escenario.

Las catástrofes comenzaron en el festival de Navidad del tercer grado. Parada en la primera fila de la plataforma, en el vestido nuevo que mi mamá me había hecho, con unos rizos que no eran comunes en mí, me humillé. Justo ahí frente a mis padres, mis compañeros y todo el mundo, destrocé la única línea que me habían dado. Una simple línea. Acerca de Jesús. Y la arruiné tan horriblemente que nadie supo lo que yo había dicho.

El festival procedió a pesar del resbalón, desde luego. Muy probablemente, nadie le puso mucha atención. Pero el incidente dejó un tatuaje indeleble en mi cerebro, un recordatorio permanente de la fatal comunicadora pública que soy.

En la escuela media-superior una vez intenté probar que mi tatuaje estaba equivocado. Como miembro de la junta de un club escolar, acepté memorizar otra línea y pronunciarla en una ceremonia de inauguración. Pero la historia se repitió. Me enredé tanto en el enunciado que es una sorpresa que no hayan tenido que traer herramientas hidráulicas de salvamento para sacarme de ahí.

Luego, mi madre insistió en que tomara clases de oratoria. Le aseguré que no las necesitaba porque nunca de este lado del milenio pisaría una plataforma pública otra vez. Al ignorar mis protestas, mi madre prevaleció y yo terminé tomando las clases. Pero no hicieron nada para apaciguar mi inseguridad. Tampoco mejoraron mi habilidad significativamente. Cuando se trataba de hablar en público, yo parecía estar permanentemente incapacitada.

Esto no evitó, sin embargo, que me casara con uno de los más grandes comunicadores de esta generación. ¡Hablando de eclipsarse a una misma! Yo lo hice a lo grande. Aunque el Señor claramente nos puso a Robert y a mí juntos, esa algunas veces parecía ser una broma. *¿De verdad, Señor? ¿Piensas que soy la mejor compañera para él?*

No es que alguna vez deseara competir con Robert. Yo estaba perfectamente satisfecha de trabajar con él y apoyarlo tras bambalinas. Yo soy grandiosa tras de bambalinas. Me gusta impulsar a la gente al frente. Pero como esposa de Robert y líder en el ministerio, no podía esconderme para siempre. Al igual que el fantasma de las Navidades pasadas, el espectro de hablar en público pronto vino a llamar a la puerta.

¿Mi reacción?

Terror puro.

Mis propias deficiencias eran suficientes para darme pesadillas. Cuando les añadía el temor de que la gente esperara que yo tuviera el mismo don que mi esposo, mi cabello casi se erizaba. Al imaginarme que la gente me compararía con él y se desilusionaría, yo rechazaba todas las invitaciones para hablar.

Dios, sin embargo, se negó a aceptar un "no" como respuesta. Al igual que el equipo de Gateway quienes continuaron pidiéndome…y pidiéndome…y pidiéndome que hablara. Siendo alentadores y persistentes, esperaron con paciencia que yo venciera mi inseguridad—tal como el Señor y el pueblo de Israel esperaron que María se recuperara de la lepra—y lo hicieron con una tremenda gracia. Con el tiempo, le rendí mi voluntad al Señor poco a poco. Cuando acepté su definición de quien yo soy (lo cual es una cura segura para la inseguridad), comencé a entrar en el papel que Él me había dado para cumplir.

Aunque todavía soy una obra en proceso, estos días me encuentro en una plataforma con un micrófono con más frecuencia de lo que jamás esperé. Todavía no me siento exactamente cómoda con ello. Pero he decidido que está bien que la gente vea quién soy en realidad, aunque no sea lo que ellos desean. He aceptado el lugar de liderazgo que Dios ha elegido para mí, y estoy confiando cada vez más día a día en que, a pesar de mis muchos defectos, Dios y yo juntos podemos hacerlo.

Escondido en el bagaje de la vida

Además de mi aversión a la lepra, una de las razones por las que estoy tan determinada a sacar de mi vida la inseguridad, se debe a que no deseo terminar como el rey Saúl. (Él es hombre por lo tanto no es oficialmente una de nuestras mentoras, pero de todas formas he aprendido mucho de él). Al ser más cabeza dura que María, Saúl no aprendió su lección en una semana y luego avanzó. Él permitió que sus inseguridades supuraran durante décadas. Finalmente se volvieron letales. Pero no antes de producir cuatro derivados peligrosos que envenenarán a cualquiera que permita que la inseguridad dirija su vida.

El primero de esos derivados salió a la superficie el día de la coronación de Saúl. Fue un momento en que parecía que todo le estaba yendo bien: había sido llamado divinamente y ungido por el principal profeta de toda la tierra para ser líder de la nación. Su llamado había sido confirmado por tres señales sobrenaturales. Dios le había dado un nuevo corazón para equiparlo para su puesto. Y si eso no fuera suficiente, era impresionantemente apuesto y más alto que todos los hombres de la tierra.

¿Qué más podría necesitar alguien para sentirse seguro? ¡Saúl lo tenía todo!

No obstante, cuando llegó el momento para que le fuera presentado a la gente como rey, "le buscaron, pero no fue hallado. Preguntaron, pues, otra vez a Jehová si aún no había venido allí aquel varón. Y respondió Jehová: He aquí que él está escondido entre el bagaje" (1 Samuel 10:21-22).

Usted tiene que admitir que, para un líder nacional, esa fue una manera extraña de comportarse. Para que usted entienda lo que estaba pasando, imagínese que se pospone la ceremonia de cambio de poderes porque el presidente electo se está escondiendo en la cajuela del coche de alguien. Fue un caso claro de inseguridad con esteroides, y Saúl sufrió por ello, porque no creyó lo que Dios decía de él. En cambio, sí creyó en sus sentimientos de incompetencia. En lugar de verse a través de los ojos de Dios como la cabeza divinamente escogida de las tribus de Israel, se vio como el menor entre su pueblo (ver 1 Samuel 9:21; 15:17).

Todas sabemos cómo es eso. Lo hemos hecho. Hemos leído la Biblia, y escuchado a Dios decir cosas asombrosas de nosotras, y luego nuestras inseguridades del pasado las hunden. Hemos escuchado que el Señor nos llama a dar un paso de fe, y luego en lugar de eso, escuchamos la voz de las dudas.

En otras palabras, hemos pasado el tiempo cerca del bagaje.

¿Y por qué no? El bagaje de hecho puede ser una muy buena compañía. No espera nada de nosotras. No nos juzgará por nuestros errores. Pero entonces, tampoco nos aplaudirá por nuestras victorias.

Posiblemente es por ello que David no pasó mucho tiempo con él. Como el opuesto exacto de Saúl, David no tenía paciencia con el bagaje de la vida. Aunque tenía muchas razones para sentirse inseguro, el joven David tenía una confianza tal en Dios que cuando visitó a sus hermanos mayores en el campo de batalla y vio a los ejércitos israelí y filisteo enfrentándose uno al otro, "dejó su carga en mano del que guardaba el bagaje, y corrió al ejército" (1 Samuel 17:22).

Entonces, mientras que el inseguro de Saúl temblaba en su tienda, sin poder creerle a Dios por causa de su inseguridad, David mató a Goliat.

El bagaje no dijo nada acerca del triunfo de David. Pero todo el mundo sí. Y hemos estado hablando de ello desde entonces.

Usted y yo podemos elegir ser como Saúl o como David. Podemos escondernos en las inseguridades de nuestro pasado, o podemos decidir creer lo que Dios dice acerca de nosotras, poner en Él nuestra confianza y dejar el bagaje detrás de nosotras, donde pertenece de verdad.

Las lideresas inseguras toman decisiones irracionales

La inseguridad no solamente resulta en nuestra incapacidad para creerle a Dios, también nos provoca tomar decisiones impetuosas e irracionales. Nos engaña para hacer cosas tontas. Saúl demuestra esta triste realidad una y otra vez.

Piense en el tiempo en que Saúl declaró un ayuno y obligó al ejército a que se quedara sin comer en plena batalla contra los filisteos. Yo no soy ninguna experta militar, pero incluso yo puedo ver que esa es una idea tonta. Los soldados debilitados por el hambre que están peleando contra un enemigo bien alimentado, se encuentran en una desventaja evidente. Sin embargo, Saúl ignoró este hecho obvio. Estaba tan inseguro de su lugar con Dios que, abandonando toda sabiduría y compasión por sus hombres, recurrió a los juegos religiosos. Intentó ganarse el favor de Dios (y una batalla militar) a través de impresionarlo con un sacrificio legalista.

> Pero los hombres de Israel fueron puestos en apuro aquel día; porque Saúl había juramentado al pueblo, diciendo: Cualquiera que coma pan antes de caer la noche, antes que haya tomado venganza de mis enemigos, sea maldito. Y todo el pueblo no había probado pan.
>
> Y todo el pueblo llegó a un bosque, donde había miel en la superficie del campo. Entró, pues, el pueblo en el bosque, y he aquí que la miel corría; pero no hubo quien hiciera llegar su mano a su boca, porque el pueblo temía el juramento (1 Samuel 14:24-26).

Usted tiene que preguntarse qué estaba pensando Saúl en esta situación. ¿Por qué estuvo tan tenazmente determinado a hacer que sus tropas mantuvieran el ayuno? ¿No se dio cuenta de que ya tenía el favor de Dios sobre él? ¿Saúl no sabía que Dios lo había hecho comandante de Israel (ver 1 Samuel 10:1) y por lo tanto le daría la victoria que ahora estaba intentando obtener con sus propias fuerzas?

No, no se dio cuenta.

Ese fue todo el problema. Saúl nunca confió verdaderamente en el llamado de Dios para su vida. Él siempre estaba intentando convertirse en lo que ya era. Él se sentía indigno de ser rey, por lo tanto constantemente intentaba probarse a sí mismo. Pero esa era una búsqueda inútil. Ninguna de nosotras califica para lo que Dios nos ha llamado a hacer. Él ni siquiera nos lo pide. Simplemente nos pide reconocer su gracia y perseguir una relación con él. Todo lo que Él requiere es que cada una de nosotras le entregue su corazón, que nos rindamos a su voluntad, y que le preguntemos: "Señor, ¿qué deseas que haga?".

Mis responsabilidades no se comparan con las de Saúl, de manera que no me puedo identificar con las batallas que él enfrentó, pero sé cómo es sentirse indigna del llamado de Dios. Cuando pienso en lo que Dios está haciendo a través de Gateway, no comprendo por qué es que Él me ha escogido para ser lideresa ahí. En mí misma, yo estoy completamente descalificada. No obstante sé que estoy en las manos de Dios, y entre más me aseguró de mi relación con Él, más segura me siento en la posición que he recibido.

Debido a que acepto este plan como de Dios y no mío, no tengo que preocuparme de si engañé al sistema y terminé aquí por accidente. Puedo confiar en que el Señor mismo me ha dado este pequeño rincón del mundo para habitar y que Él me permitirá marcar una diferencia ahí. Me dará poder para bendecir este lugar y a esta gente con su amor.

Después de todo, se trata del amor de Dios. Como lideresas—en el hogar, en el trabajo o en la iglesia—lo más santo que podemos hacer es cuidar a la gente. Si somos tan inseguras que sentimos que debemos impresionarlos, o incluso impresionar al Señor con nuestra superespiritualidad, vamos a dañar nuestra propia causa, a erosionar nuestra autoridad y a perder la confianza de aquellos a quienes se supone que debemos dirigir. Que fue lo que le sucedió exactamente a Saúl. Cuando su hijo Jonathan alcanzó a las tropas de su padre, él no había escuchado acerca del mandamiento de ayunar:

> Pero Jonatán no había oído cuando su padre había juramentado al pueblo, y alargó la punta de una vara que traía en su mano, y la mojó en un panal de miel, y llevó su mano a la boca; y fueron aclarados sus ojos. Entonces habló uno del pueblo, diciendo: Tu padre ha hecho jurar solemnemente al pueblo, diciendo: Maldito sea el hombre que tome hoy alimento. Y el pueblo desfallecía.
>
> Respondió Jonatán: Mi padre ha turbado el país. Ved ahora cómo han sido aclarados mis ojos, por haber gustado un poco de esta miel. ¿Cuánto más si el pueblo hubiera comido libremente hoy del botín tomado de sus enemigos? ¿No se habría hecho ahora mayor estrago entre los filisteos?
>
> —1 Samuel 14:27-30

De hecho, Jonathan solamente dijo en voz alta lo que todo el mundo (excepto Saúl) seguramente estaba pensando. Reconoció la irracionalidad de la decisión de su padre y admitió que les había costado una gran victoria a los israelitas.

Es muy probable que los soldados de Saúl nunca más confiaran en su liderazgo. ¿Por qué debían hacerlo? Este no fue un error único. Saúl socavó rutinariamente su propio liderazgo con decisiones desastrosas. Todavía peor que el fiasco del ayuno fue la decisión que tomó por una rabieta, cuando David, a quien estaba intentando matar en ese momento, se le escapó. Amenazado por el éxito militar y la popularidad de David, Saúl descargó su furia en personas inocentes a quienes culpó por la huida de David, y dijo:

> Oíd ahora, hijos de Benjamín [...] todos vosotros jefes de millares y jefes de centenas, para que todos vosotros hayáis conspirado contra mí, y no haya quien me descubra al oído cómo mi hijo ha hecho alianza con el hijo de Isaí, ni alguno de vosotros que se duela de mí y me descubra cómo mi hijo ha levantado a mi siervo contra mí para que me aceche, tal como lo hace hoy?
>
> Entonces Doeg edomita, que era el principal de los siervos de Saúl, respondió y dijo: Yo vi al hijo de Isaí [David] que vino a Nob, a Ahimelec hijo de Ahitob, el cual consultó por él a Jehová y le dio provisiones, y también le dio la espada de Goliat el filisteo.
>
> —1 Samuel 22:7-10

¿Se dio cuenta del nombre del hombre que le habló a Saúl ahí? Es *Doeg*, que en hebreo se deriva de la raíz *temor*. Eso es importante, porque el temor y la inseguridad son primos cercanos. El temor les habla a nuestras inseguridades, tal como Doeg le habló al rey. Nos hace tomar decisiones de las que nos arrepentiremos, decisiones que nos lastimarán no solo a nosotros, sino también a los demás.

Debido a que Saúl escuchó las acusaciones de Doeg, creyó que el sacerdote inocente Ahilemec lo había traicionado y que había ayudado a David. En una rabieta paranoica, echó a un lado la reverencia al Señor y les ordenó a sus guardias que asesinaran no solamente a Ahimelec, sino también a los demás sacerdotes. Cuando los guardias se negaron, le ordenó a Doeg que lo hiciera. "Vuelve tú, y arremete contra los sacerdotes. Y se volvió Doeg el edomita y acometió a los sacerdotes, y mató en aquel día a ochenta y cinco varones que vestían efod de lino" (v. 18).

Este es un asunto serio. Los sacerdotes del Antiguo Testamento eran representantes de Dios; ellos escuchaban y transmitían la voz de Dios al pueblo. No obstante, Saúl decidió precipitadamente mandarlos matar. Al hacerlo, mostró una verdad espiritual que nos es relevante hoy como lo fue para Saúl: la combinación del temor y la inseguridad matará la voz de Dios en nuestra vida.

Yo lo he visto. Una vez vi a una mujer del liderazgo de la iglesia autodestruirse frente a mis ojos, debido a la inseguridad. El temor llamó su atención y la empujó a tomar malas decisiones. Frenética por proteger su lugar de autoridad, actuó impetuosa e irracionalmente. Ella era una mujer dotada, pero finalmente perdió no solo el respeto de todos los que la rodeaban, sino también su posición de liderazgo.

La inestabilidad y la envidia insensata

Como si su incapacidad de creer y sus decisiones impetuosas no fueran suficientemente malas, Saúl también se volvió famoso por la inestabilidad de su alma. Rutinariamente se columpiaba entre las alturas de la gloria y las profundidades de la desesperación. Al principio, el Espíritu del Señor estaba sobre él, luego "se apartó de Saúl, y le atormentaba un espíritu malo de parte de Jehová" (1 Samuel 16:14). En un momento estaba intentando asesinar a David, y al siguiente estaba profetizando (ver 19:23).

La inseguridad y la inestabilidad forman un círculo vicioso. Se alimentan mutuamente. Cuando somos inseguras, intentamos recobrar la seguridad con cosas controladoras. Luego nos damos cuenta de que no podemos hacerlo y nos sentimos ansiosas y molestas de nuevo. Es como un sube y baja emocional: estamos arriba si las cosas marchan a nuestra manera, y estamos abajo cuando no es así.

Tal inestabilidad no pertenece a la vida de los creyentes. Por el contrario, la Biblia dice: "La raíz de los justos no será removida" (Proverbios 12:3).

Seguro, los cristianos estables son una grande bendición. ¡A mí me encanta estar a su alrededor! No tengo que preguntarme de qué humor están de un momento al otro. Ellos son como Jesús: "el mismo ayer, y hoy, y por los siglos" (Hebreos 13:8). Debido a que ellos creen que Dios tiene el control, no intentan tenerlo. Solamente llevan a cabo sus responsabilidades conforme a sus mejores capacidades, y si las cosas no marchan de acuerdo a lo planeado, ellos confían en el Señor y trabajan con lo que venga a mano.

Como mujeres llenas de gracia, es así como debemos desear ser.

Y podemos hacerlo... si lidiamos con nuestras inseguridades.

¿Sabe usted qué más podemos hacer?

Podemos conquistar uno de los derivados más peligrosos de todos: el monstruo de ojos verdes de la envidia. Eso es algo que Saúl nunca hizo. Dejó que la envidia se atara a él el día en que escuchó que la gente celebraba el triunfo de David sobre Goliat.

> Y cantaban las mujeres que danzaban, y decían: Saúl hirió a sus miles, y David a sus diez miles. Y se enojó Saúl en gran manera, y le desagradó este dicho, y dijo: A David dieron diez miles, y a mí miles; no le falta más que el reino. Y desde aquel día Saúl no miró con buenos ojos a David.
>
> —1 Samuel 18:7-9

Saúl "no miró [a David] con buenos ojos" y eso se volvió una obsesión asesina que corrompió su carácter y consumió su vida. Se convirtió constantemente en enemigo de David (ver versículo 29) y dedicó años a intentar destruirlo. Como no logró cumplir su objetivo, Saúl murió siendo un hombre desequilibradamente envidioso.

Aunque sea una historia del Antiguo Testamento, no es un problema del Antiguo Testamento. El Nuevo Testamento continúa advirtiéndonos de que estemos conscientes de que si hay "celos amargos y contención en vuestro corazón, no os jactéis, [...] Porque donde hay celos y contención, allí hay perturbación y toda obra perversa" (Santiago 3:14, 16).

Algunas cosas nunca cambian, y esta es una de ellas: La inseguridad desenfrenada se vuelve pecado. Da como resultado una incapacidad para creer, decisiones impetuosas e irracionales, inestabilidad del alma e incluso celos insensatos. Deja a las liderezas como María sentadas en la línea de banda y hace que los reyes como Saúl no sean aptos para reinar.

Por lo tanto, hay que mandar lejos la inseguridad. Creamos lo que Dios dice de nosotras y veámonos como Él nos ve. En lugar de preocuparnos por nuestros defectos, enfoquémonos en su suficiencia y disfrutemos hacer una diferencia en nuestro pequeño rincón del mundo.

Ponga primero lo primero

Haga de Dios su prioridad en todo

Honra a Jehová con tus bienes, y con las primicias
de todos tus frutos; y serán llenos tus graneros con
abundancia, y tus lagares rebosarán de mosto.

PROVERBIOS 3:9-10

Dios no piensa como la mayoría de la gente, por lo que Elías no
se asombró cuando vio a la viuda, a quien había sido enviado
a buscar, recogiendo leña. Con los pómulos hundidos y el estómago
gruñendo, luciendo harapienta y seguida por un hijo tan delgado
como un espantapájaros, no lucía como una benefactora. Pero Elías
supo de inmediato que lo era.

El Señor se la describió cuando los cuervos dejaron de llevarle
la cena y el arroyo de Querit se secó: "Levántate, vete a Sarepta de
Sidón, y mora allí; he aquí yo he dado orden allí a una mujer viuda
que te sustente" (1 Reyes 17:9).

Si Elías hubiera sido un hombre promedio, no la habría reconocido. Habría estado buscando a una mujer rica y distinguida. Habría
estado esperando a alguien con algo para dar, y no a una mujer es-
quelética, hambrienta y sin dinero con necesidad de recibir.

Pero Elías conocía bien la manera en que Dios opera. Él sabía que
incluso en medio de una hambruna y sequía nacional, el Altísimo
le proporcionaría comida en una docena de maneras. Él podía ordenar que otra parvada de aves le llevaran de comer. Podía convertir
las piedras en panes o hacer llover maná del cielo. El hecho de que

hubiera escogido a una persona para suplir las necesidades de Elías solamente podría significar una cosa.

Dios había encontrado a alguien a quien bendecir.

Es por ello que el famoso profeta no dudó cuando descubrió que la única persona que financiaría su ministerio estaba juntando leña y planeando su última comida. Impertérrito por su evidente pobreza, simplemente puso en movimiento la estrategia de Dios. Le pidió que le llevara un vaso de agua y un bocado de pan.

Considerando la reputación de Elías, esa seguramente parecía una petición peculiar. Después de todo, era conocido en toda la región por su sabiduría divina. La percepción que Dios le había dado era tan aguda que mucha gente lo llamaba vidente. De manera que la viuda debió haberse sorprendido con su despiste. Mirándolo con asombro, ella debió haberse preguntado: *¿Por qué este vidente no puede ver que no me encuentro en posibilidades de ofrecerle hospitalidad?*

Aparentemente, no podía darse cuenta, de manera que lo ayudó y le informó directamente su situación:

> Vive Jehová tu Dios, que no tengo pan cocido; solamente un puñado de harina tengo en la tinaja, y un poco de aceite en una vasija; y ahora recogía dos leños, para entrar y prepararlo para mí y para mi hijo, para que lo comamos, y nos dejemos morir.
>
> Elías le dijo: No tengas temor; ve, haz como has dicho; pero hazme a mí primero de ello una pequeña torta cocida debajo de la ceniza, y tráemela; y después harás para ti y para tu hijo. Porque Jehová Dios de Israel ha dicho así: La harina de la tinaja no escaseará, ni el aceite de la vasija disminuirá, hasta el día en que Jehová haga llover sobre la faz de la tierra.
>
> —1 Reyes 17:12-14

Al leer esta historia es natural suponer que Dios envió a la viuda a cuidar de Elías. Pero en realidad sucedió lo contrario. Dios envió a Elías a cuidar de la viuda. Al pedirle que alimentara a su profeta, la conectó con sus recursos ilimitados. Le brindó la oportunidad de darle primero a Dios, para que le pudiera corresponder y darle abundantemente a cambio.

Entonces ella fue e hizo como le dijo Elías; y comió él, y ella, y su casa, muchos días. Y la harina de la tinaja no escaseó, ni el aceite de la vasija menguó, conforme a la palabra que Jehová había dicho por Elías.

—Versículos 15-16

No podemos darle demasiado a Dios. La viuda puede confirmarlo. Ella creyó en su promesa, le dio un poco y Él la recompensó con mucho. Ella lo puso a Él primero, luego Él multiplicó sus provisiones y las hizo durar.

¿Por qué hizo Él esto?

Porque es su naturaleza. ¡Él es un Dios dadivoso!

El Señor tampoco nos da dinero nada más. Cuando lo ponemos primero a Él en nuestra vida, nos bendice en diversas maneras. Nos proporciona beneficios demasiado preciosos que el dinero no puede comprar. La viuda también puede confirmar eso.

Dios organizó sus circunstancias y salvó la vida de su hijo, no solamente una sino dos veces. Primero, Dios lo salvó de morirse de hambre con una tinaja de harina sin fondo y una provisión interminable de aceite. Luego, obró un segundo milagro: arregló que Elías estuviera disponible cuando el niño cayó enfermo y murió.

Con un profeta como su invitado, la madre del chico supo exactamente qué hacer el día en que golpeó la tragedia. Ella acudió a Elías por ayuda. Llevó al niño al aposento de la casa donde él se estaba hospedando:

Y se tendió sobre el niño tres veces, y clamó a Jehová y dijo: Jehová Dios mío, te ruego que hagas volver el alma de este niño a él. Y Jehová oyó la voz de Elías, y el alma del niño volvió a él, y revivió.

Tomando luego Elías al niño, lo trajo del aposento a la casa, y lo dio a su madre, y le dijo Elías: Mira, tu hijo vive.

—Versículos 21-23

Jesús enseñó que quienes reciben a un profeta recibirán recompensa de profeta, y aquellos que le den a un discípulo tanto como un vaso de agua fría, de ninguna manera pierden esa recompensa (ver

Mateo 10:41-42). La viuda de Elías nos mostró cómo se hace. Ella no solamente le dio al profeta—y por ende al Señor—en la hora más desesperada de necesidad, ella también le dio a Él *primero*. Y a cambio de un regalo tan pequeño que podía ser valorado en centavos, Él le regresó el regalo invaluable de la vida de su único hijo.

La bendición de la pizzería

Cuando Robert y yo comenzamos nuestro viaje en el camino de dar extravagantemente, la nación no estaba en hambruna. No estábamos en peligro de morir de hambre y lo sabíamos. De manera que no deseo insinuar que hayamos caminado ni una milla (ni siquiera una cuadra) en los zapatos de la mujer de Sarepta. Pero sí creo que la mirada del rostro de Robert luciría como el asombro que vio Elías cuando le pidió a la viuda que le diera un poco de torta.

Después de todo, la noche en que comenzó la aventura, Robert no estaba acostumbrado a regalar nuestro sueldo mensual neto...y eso es exactamente lo que el Señor le pidió que hiciera.

Asustado, inicialmente esperó que de alguna manera hubiese malinterpretado las instrucciones. Mirando amorosamente el cheque que acababa de recibir, no podía imaginar que Dios le hubiera pedido que comenzara con eso—con todo eso—tan pronto. Como una ofrenda de amor de la iglesia, el pastor se lo había entregado a Robert momentos antes. "Me agrada y me asombra decirte que esta es la ofrenda de amor más grande que alguna vez haya dado esta pequeña iglesia—le había dicho—. Dios lo usó para bendecirnos esta noche, y estoy muy feliz de poder darle esto".

Como evangelista itinerante, Robert contaba bastante con las ofrendas para pagar las cuentas. Esta era la única iglesia en la que tenía programado predicar ese mes. Normalmente, ministraba varias veces al mes, pero incluso de ese modo, solamente llevaba a casa lo suficiente para proveer para nuestro hogar. Pero cuando vio la cantidad del cheque, se dio cuenta de que Dios había hecho un milagro: con la ofrenda, había cubierto por completo nuestros gastos mensuales.

Ahora, luego de disfrutar en asombro la grandiosa provisión de

Dios, Robert estaba descifrando cómo se pondría al día si regalaba la ofrenda.

¡Señor, esta no puede ser tu voz, argumentó. *¡Acabas de hacer un milagro con esto para cubrir nuestras necesidades!*

Dios le respondió simplemente repitiendo sus instrucciones. Al atraer la atención de Robert hacia un misionero que estaba del otro lado del santuario, le dijo: *Dale toda la ofrenda. Confía en mí.*

Robert, quien normalmente obedece rápidamente, se encontró resistiendo la dirección del Señor. Tomó más fuertemente el cheque y oró pidiéndole a Dios que cambiara de opinión.

Yo he escuchado a Robert contarme la historia un sinfín de veces: "Intenté racionalizar. Intenté negociar. Intenté rogar—dice él—. Pero la impresión solo incrementaba. Finalmente ondeé la bandera blanca. Endosé la parte trasera del cheque, lo doblé a la mitad, y luego miré alrededor de la habitación para asegurarme de que nadie estuviera viendo. Al acercarme al misionero, dije algo como: 'Realmente aprecié tu mensaje de esta noche. Por favor, no le digas esto a nadie, pero me gustaría darte esta ofrenda. El cheque está extendido para mí, pero ya te lo endosé'. Le entregué el cheque y me retiré".

Como éramos diezmadores, Robert y yo ya sabíamos acerca de colocar primero a Dios en nuestras finanzas. Aprendimos algunas cosas acerca de confiarle a Dios nuestro dinero. Pero este tipo de dádiva requería de un nivel de fe completamente nuevo. Además abrió la puerta a un nuevo nivel de bendición.

Una hora más tarde, nos dimos cuenta de ello. Sentados en una pizzería con algunas parejas de la iglesia, luego del servicio, un hombre a quien Robert apenas conocía, que se encontraba al otro lado de la mesa, le hizo una pregunta sorprendente: "¿De cuánto fue tu ofrenda hoy?". Robert, demasiado asombrado por la audacia del hombre como para pensar en qué más hacer, le dijo. Entonces el hombre le hizo una pregunta más descarada: "¿Dónde está el cheque?".

Reacio a revelar que lo había regalado, Robert mintió. (¿Puede usted creerlo?). Dijo que me lo había dado a mí. Cuando el hombre pidió verlo, Robert pretendió hacer un esfuerzo por recuperarlo. Se levantó, fue al final de la mesa donde yo estaba sentada, me susurró: "¿Qué tal está tu pizza?". Después de que yo lo mirara socarronamente y le dijera que mi pizza estaba bien, él regresó a su silla y, ¡sí!, mintió de nuevo. Le dijo al hombre que había puesto el cheque en el coche.

—El cheque no está en el coche, Robert—respondió.

—¿Cómo lo sabe?

—Porque Dios me lo dijo, y también me dijo otra cosa—desdoblando un cheque hecho por exactamente diez veces más la cantidad que Robert había regalado, el hombre lo extendió y lo ondeó para que Robert lo tomara. Cuando lo hizo, en lugar de dejar que el cheque se fuera, el hombre lo sostuvo un momento y miró a Robert a los ojos, mientras el cheque estaba entre ambos—. Dios te ha enseñado acerca de la dádiva para que tú puedas enseñarle al Cuerpo de Cristo—dijo él, y luego soltó el cheque.

Aunque sé con seguridad que el hombre del cheque no era Elías, tuvo el mismo efecto en nuestra vida que Elías en la vida de la viuda. Su sensibilidad y obediencia espiritual nos ayudaron a poner en movimiento la estrategia de Dios en nuestra vida. Nos ayudaron a lanzarnos a una vida de dar dirigida por el Espíritu que nos comprobó más allá de cualquier duda que es imposible darle demasiado a Dios.

Eleve las apuestas

Durante el siguiente año y medio dimos y recibimos más extravagantemente de lo que imaginamos. Regalamos nueve vehículos, y cada vez, el Señor los reemplazó. Incrementamos lo que dábamos a setenta por ciento y, debido a que nuestros ingresos se dispararon, vivimos más cómodamente con el treinta por ciento que con el noventa.

Nuestra fe y nuestra audacia crecieron, el Señor continuó elevando las apuestas y mostrándonos cuánto podía hacer Él. Hacia el final de esos dieciocho meses, nos dirigió a regalar todas nuestras posesiones: nuestros dos coches, nuestra casa y todo el dinero de nuestras cuentas bancarias. Oramos al respecto el tiempo suficiente para asegurarnos de haber escuchado correctamente, buscamos al Señor acerca de cómo hacerlo y a quién se lo daríamos, y luego obedecimos.

Una vez más, el Señor nos bendijo a cambio sin medida.

A menudo la gente escucha acerca de esa temporada en nuestra vida y nos pregunta cómo nos sentimos al regalar todo. Mi respuesta algunas veces los sorprende. Suponen que yo tuve que batallar con el temor y la tristeza. Pero no sucedió así. Al contrario, yo estaba emocionada. ¡Nos encontrábamos en una gran aventura con Dios! Como cuando Pedro caminó sobre el agua, nosotros habíamos salido de la barca y puesto nuestros ojos en Jesús, el autor y consumador de nuestra fe. Nuestra ofrenda no parecía como un gran sacrificio. Solamente era simple obediencia al Señor, y yo me sentí gozosa al respecto. Las cosas, después de todo, son cosas. Eso no es realmente importante, especialmente cuando las comparamos con las recompensas incorruptibles del cielo.

Aunque hubiera tenido algunas emociones negativas con que lidiar, no habría importado. Esto no se trataba de emociones, se trataba de obediencia a Dios. Obedecerlo en cualquier nivel siempre nos da la oportunidad de ser bendecidas.

Yo no pensé necesariamente que la bendición de Dios nos haría ricos, pero yo estaba confiada en que no terminaríamos en la calle. Robert y yo habíamos confiado en Dios y visto su fidelidad en nuestra vida una y otra vez. Sabíamos que Él nos proveería. No éramos novatos que se daban de topes con una fe ciega. Nosotros habíamos estado en un viaje con Dios durante años. Este era solo un paso más.

Yo también sentía la inseguridad de saber que mi esposo tendría tantos trabajos como fuera necesario para cuidarme. Él siempre ha sido diligente con las finanzas de nuestra familia. En ningún momento de nuestro matrimonio me he preocupado con que él no logre satisfacer nuestras obligaciones. Nuestro historial crediticio es grandioso. Robert es un dador, sí, pero él también atiende los pendientes.

Hay veces en que nuestro ingreso me pareció enorme pero, debido también a que estábamos dando una gran cantidad, nuestro estilo de vida continuaba siendo frugal. En una ocasión, el fenómeno me desconcertó. Robert me decía acerca de una gran ofrenda de amor que había recibido, y yo decía: "¡Súper! ¡Ahora podemos comprar el nuevo sofá que hemos estado esperando!".

—No, no tenemos dinero para eso—él respondía.

—¿Por qué no? ¿A dónde se fue?—resultaba tentador preguntar. Pero yo sabía cómo administraba las cosas Robert. Debido a que vivíamos por fe, hacía el pago de la casa con dos o tres meses de anticipación. Ahorraba una parte. Y luego daba como el Señor lo guiara. De manera que muy a menudo, no había dinero sobrante para gastar en lujos.

Al final, para mí estaba bien. No necesito mucho para ser feliz. Sí, me gustan las cosas de buena calidad, pero si es necesario, puedo prescindir de ellas. Me importan más mis relaciones familiares, tener lazos de calidad con nuestros hijos y nietos, que tener muchas cosas.

Lo único que resentí un poco durante nuestra temporada especial de dádiva extravagante fue que algunas personas supusieron que éramos ricos. Ellos escuchaban que le habíamos regalado un coche a alguien, y esperaban que nosotros les diéramos un coche también a ellos. No comprendían que solamente podemos hacer tales cosas cuando Dios nos lo pide. La gente también hacía comentarios acerca de que no sabíamos lo que es estar atrasados con un pago. Cierto, debido a la administración de Robert, no nos atrasábamos en ningún pago, pero definitivamente sabíamos lo que era estirarnos y hacer un presupuesto, tal como todos los demás.

Algunas veces no salíamos a comer. A veces recortábamos gastos en otras cosas. Pero incluso en los tiempos más escasos fuimos bendecidos, porque habíamos aprendido la lección más vital de la vida: siempre, *siempre* poner primero a Dios.

Ninguna primicia se pierde

No es casualidad que Elías le pidiera a la viuda que le diera lo primero de sus escasas provisiones. Él no lo hizo caprichosamente o porque no tuviera corazón y estuviera hambriento. Otros pudieron haberlo pensado. Pudieron haberse quejado del egoísmo de Elías y dicho: "¿Qué un hombre compasivo de Dios no debió haber hecho de las necesidades de la viuda su prioridad? ¿No debió haberla animado a alimentarse primero ella y su hijo, y que luego le llevaran las sobras?".

Pero la respuesta a sus preguntas sería no, y esta es la razón: Dios nunca pide las sobras. A lo largo de la Biblia, el Señor deja en claro que todo le pertenece. Es un principio espiritual invariable. Puede ser llamado el principio del primogénito, las primicias o el diezmo;

pero no importa el nombre que elijamos, este afecta directamente la medida de la bendición de Dios que disfrutamos en nuestra vida.

El libro de Robert, *Una vida llena de bendiciones,* contiene una maravillosa y profunda enseñanza acerca de este principio. En caso de que todavía no lo haya leído, o necesite un recordatorio, el cual todos necesitamos, deseo ver brevemente los versículos que nos muestran cuán importantes son las primicias para el Señor.

Comencemos con el principio del primogénito. Aparece por primera vez en el capítulo cuatro del Génesis, donde Caín y Abel le llevan sus ofrendas al Señor. La historia continúa así:

> Y Abel fue pastor de ovejas, y Caín fue labrador de la tierra. Y aconteció andando el tiempo, que Caín trajo del fruto de la tierra una ofrenda a Jehová. Y Abel trajo también de los *primogénitos* de sus ovejas, de lo más gordo de ellas. Y miró Jehová con agrado a Abel y a su ofrenda; pero no miró con agrado a Caín y a la ofrenda suya.
>
> —GÉNESIS 4:2-5

La gente algunas veces se confunde acerca de por qué Dios rechazó la ofrenda de Caín. Pero la explicación es simple: a diferencia de Abel, quien le dio a Dios los primogénitos, lo cual representaba lo primero de su ingreso, Caín le dio las sobras. Él cultivó sus plantíos, segó su primera cosecha, se ocupó de sus asuntos personales, y luego "andando el tiempo", se dispuso a dar una ofrenda.

De acuerdo con Dios, tal actitud es peligrosa, Él dijo que eso indicaba que "el pecado está a la puerta" (versículo 7). Como Caín, cualquiera que no logre colocar primero a Dios en su vida va directo a tener grandes problemas.

Encontramos que el principio del primogénito se menciona en Éxodo 13, donde el Señor estableció un precedente espiritual duradero, al darle este mandamiento a los israelitas, quienes estaban a punto de ser liberados de la esclavitud de Egipto:

> Conságrame todo primogénito. Cualquiera que abre matriz entre los hijos de Israel, así de los hombres como de los animales, mío es [...] dedicarás a Jehová todo aquel que abriere matriz, y

asimismo todo primer nacido de tus animales; los machos serán de Jehová. Mas todo primogénito de asno redimirás con un cordero; y si no lo redimieres, quebrarás su cerviz. También redimirás al primogénito de tus hijos.

—ÉXODO 13:2, 12-13

Observe que estos versículos no solo comprueban que el primogénito le pertenece a Dios, también revelan otro hecho crucial: bajo el antiguo pacto, todos los primogénitos eran sacrificados o redimidos por un cordero que tomaba su lugar. Sacrificio o redención: esas eran las únicas dos opciones. No había una tercera opción.

¿En qué se relaciona ese principio con nosotros como creyentes del nuevo pacto? ¡Nosotros somos beneficiarios de él!

Jesús es el Cordero de Dios que quita el pecado del mundo (ver Juan 1:29). Dios nos dio a su primogénito para que pudiéramos ser redimidos. Lo que es más, Él se entregó a sí mismo primero, antes de que nosotros creyéramos: "Mas Dios muestra su amor para con nosotros, en que siendo aún pecadores, Cristo murió por nosotros" (Romanos 5:8).

Dios no esperó para ver si podíamos arrepentirnos o acudir a Él antes de enviar a Jesús a la cruz. Por fe, Dios ofreció con anticipación a Jesús. Él nos dio de la misma manera que Él nos pide a nosotros que demos: primero, antes de las bendiciones que seguirán.

Si usted tenía la idea de que el principio de darle a Dios nuestras primicias es solo asunto del Antiguo Testamento, lea acerca de cómo los israelitas llevaron a cabo el mandamiento de Dios la noche de la Pascua (ver Éxodo capítulo 12). Imagínese lo que sucedió: luego de sacrificar un cordero por cada hogar, ellos remojaron el hisopo en la sangre. Primero aplicaron la sangre en el lado izquierdo del marco de la puerta, luego en el lado derecho. Finalmente pusieron sangre en la parte superior media del dintel, para que goteara. Al hacerlo, ellos crearon la forma de la cruz, y la cruz los salvó. Cuando la plaga barrió el país, los primogénitos egipcios, quienes por derecho divino le pertenecían a Dios pero que no se los habían entregado, murieron. Pero los israelitas, cuyos primogénitos habían sido ofrecidos a Dios y redimidos, se salvaron.

¡Qué ejemplo tan perfecto de la salvación del nuevo pacto!

Se ha dicho que cuando se dan las primicias nunca se pierden; en cambio, cualquier primicia que no se da, se pierde. Lo que le damos a Dios, no lo perdemos, porque Dios lo redime por nosotros. Pero lo que le retengamos a Dios, lo perderemos. Los egipcios se dieron cuenta de ello a la manera difícil. Pero como creyentes, con nosotros no tiene que ser así. Podemos aprender de la Biblia que es esencial que le demos nuestras primicias al Señor.

Dar las primicias redime el resto

Además de reclamar el primogénito, Dios también nos revela a lo largo de la Biblia que la primera décima parte de nuestro ingreso económico le pertenece. Los patriarcas como Abraham y Jacob dieron el ejemplo, y Dios lo explicó cuando los israelitas se estaban preparando para tomar la Tierra Prometida. Simplemente les dijo: "Las primicias de los primeros frutos de tu tierra traerás a la casa de Jehová tu Dios. No guisarás el cabrito en la leche de su madre" (Éxodo 23:19).

Observe que Dios desea *los primeros* frutos. Él no desea que hagamos cheques para pagar nuestra casa y nuestro coche, comprar despensa para una semana y un par de zapatos, y luego le demos a Él. Él desea que el primer cheque que hagamos sea el de nuestro diezmo.

"Bueno, creo que eso es tonto—alguien podría decir—. ¿Por qué a Dios le importaría qué parte de mi sueldo obtiene, siempre y cuando le dé el diez por ciento?".

Porque nuestro dinero no es lo único que Dios desea, también desea nuestra fe. "Sin fe es imposible agradar a Dios" (Hebreos 11:6), y no hay que poner mucha fe para darle a Dios el diez por ciento, después de que nuestras demás necesidades están satisfechas. Lo que es más, cuando le pagamos a todos los demás, para luego ver si hay suficiente excedente que darle, no es realmente colocar a Dios primero.

Esa es la primera razón por la que Dios les instruyó a los israelitas que le dieran todo el botín de Jericó. Era la primera ciudad que conquistaron cuando entraron en Canaán. Si dar el primer diez por ciento no era importante, Dios podría haber dicho: "Conquisten diez ciudades, y denme todo el botín de la décima". Pero no lo hizo.

Él dijo en esencia: "Denme a mí primero, y ustedes pueden quedarse con el resto" (ver Josué 6:19).

Obedecer ese mandamiento requirió que los israelitas dieran un paso de fe; de eso era lo que se trataba todo. Dios sabía que ellos necesitaban su bendición para tomar la Tierra Prometida. Ellos necesitaban tener bien ordenadas sus prioridades y caminar por fe si deseaban ganar todas las batallas que enfrentarían. De modo que, en un momento en que todavía tenían que ganar futuras victorias y en que sus recursos eran escasos, el Señor les pidió su diezmo.

Tristemente, un israelita desobedeció el mandamiento de Dios. Un hombre llamado Acán se enamoró de un "manto babilónico muy bueno, y doscientos siclos de plata, y un lingote de oro de peso de cincuenta siclos" (Josué 7:21). Y los escondió en su tienda. Como resultado, Israel sufrió una humillante derrota en su siguiente batalla, y treinta y seis de sus hombres fueron asesinados.

¡Qué tragedia! Israel habría sido bendecido en esa batalla si los tesoros de Acán hubieran sido consagrados a Dios como primicias. Pero debido a que él las conservó, Israel fue maldecido.

Lo mismo nos sucede a nosotros. Si tomamos para nosotros lo que le pertenece a Dios, renunciamos a su bendición. Entramos bajo una maldición, porque poseemos bienes robados.

Yo sé que estas afirmaciones son duras, pero son un espejo del mensaje que Dios le dio a la gente que retuvo sus diezmos en la época de Malaquías:

> ¿Robará el hombre a Dios? Pues vosotros me habéis robado. Y dijisteis: ¿En qué te hemos robado? En vuestros diezmos y ofrendas. Malditos sois con maldición, porque vosotros, la nación toda, me habéis robado. Traed todos los diezmos al alfolí y haya alimento en mi casa; y probadme ahora en esto, dice Jehová de los ejércitos, si no os abriré las ventanas de los cielos, y derramaré sobre vosotros bendición hasta que sobreabunde.
>
> —Malaquías 3:8-10

La Biblia no deja duda al respecto: el diezmo, o las primicias, es la porción que redime el resto. Al darlo, colocamos primero a Dios en nuestra vida y soltamos nuestra fe, y la fe es el gatillo que dispara sus bendiciones.

No es de sorprenderse que Proverbios 3:9-10 diga: "Honra a Jehová con tus bienes, y con las primicias de todos tus frutos; y serán llenos tus graneros con abundancia, y tus lagares rebosarán de mosto".

Monovolúmenes, secadores de cabello y consolas

Para ser completamente sincera, Robert y yo no solamente le damos a Dios el diez por ciento. No solamente le damos ofrendas. Le rendimos a Él todo lo que tenemos. Jesús es Señor de todo. De manera que lo que nos diga que hagamos con nuestro dinero—o lo que es más, todo lo que tenemos—, lo hacemos.

Hace algunos años, por ejemplo, el Señor puso en nuestro corazón salir de deudas. Eso significaba vender un lindo coche que habíamos estado conduciendo (el cual había sido financiado) y reemplazarlo con un viejo monovolumen (¡tan viejo como Matusalén!). La cosa se tragaba un cuarto de galón (casi un litro) de aceite a la semana y a menudo se moría, dejándonos varados al lado de la carretera. Definitivamente era una aventura sobre ruedas.

Nos comprometimos también a comprar solamente lo que pudiéramos pagar con efectivo. De manera que cuando se me descompuso mi secadora de cabello y no teníamos veinte dólares adicionales para gastar en un reemplazo, yo no tenía la opción de cargarla a mi tarjeta de crédito. Mi cabello estaba más largo entonces, y yo lo rizaba con rizadores eléctricos. Para sobrevivir sin secadora, tenía que lavarme el cabello en la noche, dejarlo secar mientras dormía, luego levantarme la mañana siguiente y rizarlo antes de salir.

Yo hice mi mejor esfuerzo por convencer a Robert de que una secadora no era un lujo sino una necesidad, y que debíamos usar el dinero de la despensa para conseguirla volando. Él me respondió sugiriendo que oráramos al respecto, lo cual hicimos. Esa tarde, una amiga nuestra fue a visitarnos y dejó un paquete en nuestra veranda. Desde luego, resultó ser una secadora.

¿Cuán extraño es eso? ¿Por qué alguien tendría la necesidad espontánea de regalar una secadora? Cuando le pregunté a mi amiga qué fue lo que la llevó a hacerlo, me dijo: "Dios nos dijo que podías necesitarla".

Algunos pueden considerar que es un milagro muy pequeño, pero eso impactó mi corazón tremendamente. Yo necesitaba saber que Dios no ve solamente las necesidades de Robert; también ve las mías. Y no solamente se ocupa de lo que normalmente se considera importante. Es tan tierno y dulce que se ocupa de los detalles. Cuenta los cabellos de mi cabeza y me ayuda a peinarlos.

Durante esa temporada en que tuvimos un presupuesto apretado, Robert fue meticuloso con respecto a recibir instrucciones del Señor acerca de cuánto debíamos gastar en nuestras compras. Una vez deseábamos una consola y, luego de orar al respecto, Robert sintió que cincuenta dólares era lo único que debíamos pagar. Fuimos de compras todo el día; al final, la consola que nos gustó, costaba cincuenta y nueve dólares. Yo deseaba rogarle a Robert que cediera y gastara nueve dólares más, pero sabía que él no lo haría. Estaba comprometido a obedecer a Dios con nuestras finanzas. Para él, ese era un asunto de principios.

Entonces, compramos la consola de cincuenta dólares. Como era de esperarse, funcionó bien.

Las cosas han cambiado con los años. Dios nos ha confiado más dinero del que pudimos haber imaginado entonces. Pero debemos continuar siendo disciplinados y obedientes, de manera que estamos agradecidos por esas lecciones tempranas. Nos han servido bien. Nos han ayudado a aprender que tengamos mucho o poco, debemos buscar al Señor para que nos muestre qué hacer con todos nuestros recursos y ser fieles para obedecer.

Yo estoy segura de que cada matrimonio es único, Robert tiene el registro completo de nuestras finanzas. Yo no sé mucho de ellas, no porque él intente esconderme cosas, sino porque tengo una completa confianza en su administración y en la habilidad de Dios para proveernos. Por lo tanto, cuando Robert y yo hablamos acerca de nuestro dar, yo no tengo un punto de referencia. No estoy segura si un regalo extravagante serían cien dólares o mil dólares, porque yo no llevo la contabilidad.

Aun así, cada uno desempeñamos nuestro papel. Cuando estamos pensando qué dar, Robert a menudo escucha una cantidad del Señor. Por otro lado yo me muevo con paz. Algunas veces mi marido sugiere una cantidad y yo le respondo: "Tengo paz, si tú estás seguro". Otras veces he dicho: "No sé mucho de nuestras finanzas, pero estaba esperando que pudiéramos dar más". Ha habido ocasiones en que he dicho: "¿Estás loco? ¡El dinero no se da en maceta!".

Es raro, sin embargo, que yo esté menos que emocionada acerca de dar. Tanto Robert como yo hemos llegado a amarlo. Dar se ha convertido en parte de nuestra naturaleza. Algunas veces intentamos detenernos, pero nos alentamos uno al otro, como sucedió recientemente cuando estábamos a punto de darle cien dólares a un hombre para que satisficiera una pequeña necesidad. Estábamos conduciendo desde el cajero automático con el dinero en la mano, y comenzamos a hablar al respecto. En cuestión de minutos, estuvimos de acuerdo en que cien dólares no era suficiente, de manera que le hicimos un cheque por una cantidad mucho mayor.

Estábamos bastante emocionados de poder dar más. Éramos como un par de niños en Navidad.

Aprenda una lección de Naamán

Si su esposo no tiene una revelación de la importancia de colocar primero a Dios en las finanzas de su familia, usted puede estarse preguntando ahora mismo cómo es que esto aplica para usted. Posiblemente esté pensando: *Deseo honrar al Señor diezmando y dando. Deseo disfrutar las bendiciones que vienen cuando colocamos primero lo primero en las finanzas de nuestra familia. ¿Qué puedo hacer?*

Yo escucho mucho esa pregunta, y esto es lo que normalmente recomiendo. Primero, siga el ejemplo de Ester para hacer una solicitud. Cuando sienta que el tiempo es el correcto y tenga una puerta abierta del Señor, comparta con su esposo lo que está en su corazón acerca de diezmar y dar. Con gracia y sumisión, preséntele su perspectiva y haga su petición. Si él responde negativamente, no lo presione ni lo condene. Acepte y honre su decisión. Luego, solamente continúe orando por él y espere que Dios mueva su corazón.

En segundo lugar, si usted tiene algunos fondos que son suyos para hacer lo que desee con ellos, comience a diezmar de ellos. Luego busque aquello en que Dios la esté bendiciendo y compártalo con su esposo. Hágale ver cómo están funcionando el diezmo y dar en su vida.

Finalmente, confíe en que el Señor comprenderá su situación y le extenderá misericordia a medida que se someta a la estructura de autoridad que Él ha ordenado en su hogar. Tome consuelo con la historia de Naamán. Él era un comandante del ejército sirio en el Antiguo Testamento, quien fue sanado de lepra bajo el ministerio del profeta Eliseo (ver 2 Reyes 1-14). Luego de su sanidad, rechazó a los dioses paganos de su tierra natal y declaró: "He aquí ahora conozco que no hay Dios en toda la tierra, sino en Israel. Te ruego que recibas algún presente de tu siervo" (2 Reyes 5:15). Luego Naamán se dio cuenta de que tenía un problema. Como siervo del rey sirio, entre sus responsabilidades se encontraba acompañar al rey cuando fuera a rendirle homenaje al ídolo sirio, Rimón. De alguna manera, Naamán tuvo que reconciliar su devoción a Dios con su obligación de someterse a la autoridad de su rey. Le dijo a Eliseo:

> Porque de aquí en adelante tu siervo no sacrificará holocausto ni ofrecerá sacrificio a otros dioses, sino a Jehová. En esto perdone Jehová a tu siervo: que cuando mi señor el rey entrare en el templo de Rimón para adorar en él, y se apoyare sobre mi brazo, si yo también me inclinare en el templo de Rimón; cuando haga tal, Jehová perdone en esto a tu siervo.
>
> Y él [Eliseo] le dijo: Ve en paz. Se fue, pues, y caminó como media legua de tierra.
>
> —Versículos 17-19

Lo que Dios hizo por Naamán, lo hará por usted. Si usted le obedece al dar lo que pueda a la vez que honra la autoridad de su esposo, Él la bendecirá de acuerdo con la sinceridad de su corazón. Entonces puede ir "en paz", sabiendo que ha hecho todo lo que Dios espera que haga.

Más que billetes y monedas

Aunque las finanzas sean una gran parte de colocar a Dios en primer lugar, no son la única parte. Él debe ser nuestra prioridad en todo. Nosotros debemos estimarlo y darle a Él el primer lugar de nuestro tiempo, nuestras acciones, nuestros afectos, nuestro trabajo, en todo. Si no lo colocamos primero que nada en estos aspectos, no podemos esperar que Él los bendiga.

El tiempo es un asunto importante. Tenemos que apartar un tiempo, tal como apartamos el dinero. Si no priorizamos y le damos a Dios la primera concesión de las horas de nuestro día, las otras obligaciones y tareas se lo comerán. Si le damos el tiempo que Él merece, tendremos que decirle "no" a las cosas que, aunque puedan ser buenas, no son cosas de Dios.

Cuando mis hijos estaban pequeños, por ejemplo, yo tuve que limitar de alguna manera sus actividades. Yo no podía permitirme andar tras los juegos de soccer, softball y béisbol toda la semana. Esos son deportes grandiosos, pero pueden fatigar a las mamás. De manera que tuve que decir no a algunos de ellos.

Yo también renuncié a invitaciones para reuniones del vecindario, con el fin de poder hacer tiempo para los grupos pequeños de discipulado que eran una parte esencial de mi servicio al Señor. Lo más difícil de todo fue que tuve que optar por dejar algunas actividades con mis amigas. No podía ser una mariposa social, saliendo siempre a comer y de compras con mis amigas, y al mismo tiempo poner a Dios en primer lugar y satisfacer las necesidades de mi familia.

Ahora me alegra, sin embargo, haber elegido hacer al Señor mi prioridad en las diferentes áreas de mi vida. Incluso si eso ha requerido hacer algunos sacrificios algunas veces y dar algunos pasos audaces de fe, no se comparan con las bendiciones que Dios ha derramado a cambio.

Aunque algunas de esas bendiciones puedan medirse en billetes y monedas, la mayoría no tiene precio: hemos tenido el privilegio de caminar con el Señor y servirle en maneras que han excedido nuestros sueños más descabellados. Hemos tenido el gozo de ver crecer a nuestros hijos con amor por Dios y por su Iglesia. Los hemos visto casarse con compañeros asombrosos y santos. Hemos sentido la emoción de abrazar a nuestros nietos sanos y felices.

Y, luego de más de treinta años de matrimonio, Robert y yo somos más cercanos y estamos más enamorados que nunca.

Sí, el Señor nos pidió, tal como Elías le pidió a la viuda, que le rindiéramos a Él lo primero de todo en nuestra vida. Pero estamos más que felices de hacerlo, porque no importa cuánto le demos, continuamos descubriendo que nunca podemos darle demasiado a Dios.

La mujer que espera

Sirva a otros mientras espera en el Señor

Era Abraham ya viejo, y bien avanzado en años; y
Jehová había bendecido a Abraham en todo. Y dijo
Abraham a un criado suyo, el más viejo de su casa,
que era el que gobernaba en todo lo que tenía: Pon
ahora tu mano debajo de mi muslo, y te juramentaré
por Jehová, Dios de los cielos y Dios de la tierra, que
no tomarás para mi hijo mujer de las hijas de los
cananeos, entre los cuales yo habito; sino que irás a
mi tierra y a mi parentela, y tomarás mujer para mi
hijo Isaac.

GÉNESIS 24:1-4

La prensa escrita todavía no se había inventado, de manera que
podemos estar seguros de que Rebeca no obtuvo la idea de una
revista de mujeres. Tampoco fue un consejo que tomó de las chicas
que se reunían en el pozo. Incluso en el 2000 a. C., las mujeres
no creían que la manera más rápida de ganarse el corazón de un
hombre era a través de sus camellos. Y Rebeca definitivamente estaba esperando ganarse el corazón de un hombre.

Cierto, la Biblia no lo dice específicamente, pero creo que es seguro suponerlo, como la mayoría de las chicas de su edad que la se-
ñorita Rebeca estaba buscando a su príncipe azul. Soñando con el
verdadero amor con quien Dios la había destinado a casarse.

Parece ser que ninguno de los chicos locales había calificado. Ella
los revisó a todos (en su propia manera discreta, estoy segura) y había
orado: *Oh, Dios, ¡por favor, ellos no!* Por lo tanto, con su feminidad

en apogeo, su reloj biológico avanzando y ninguna posibilidad de casarse a la vista, Rebeca solamente tenía la opción de esperar...y esperar...y esperar al Sr. Correcto.

Entonces, una noche durante su caminata nocturna para sacar agua del pozo local, ella vio los camellos. Sentados sobre sus callosas rodillas embarradas de polvo, ellos apenas podían parecer la puerta hacia su destino. Ellos se veían como trabajo...y mucho. Al contar las masivas cabezas color arena que veían hacia ella con sus ojos color ébano fijos en el cántaro recién lleno de agua en su hombro, Rebeca hizo un rápido cálculo: diez camellos sedientos que toman treinta galones de agua cada uno y un cántaro de dos galones era igual a ciento cincuenta viajes del pozo al abrevadero.

El sol, escurriéndose debajo del horizonte, marcó el final de un día completo de trabajo. No obstante, aunque ella estaba muy agotada, Rebeca no pudo evitar sonreírles a los rostros tristes de sus ardientes admiradores. Qué mal que no había encontrado un pretendiente tan fascinado por ella como este grupo de dromedarios. También era triste que su aparente dueño, quien llegó corriendo hacia ella, luciera tan viejo como su padre y tan sediento como los camellos.

Con un suspiro silencioso, Rebeca se encogió de hombros. Ella tendría que esperar un poco más para que el cielo le enviara un esposo. Mientras tanto, ella satisfaría la necesidad que tenía a la mano. Tomaría la oportunidad que el Señor le había dado.

Al voltear con el envejecido extraño que iba de prisa hacia ella, ella escuchó la petición que ella había esperado.

"Te ruego que me des a beber un poco de agua de tu cántaro. Ella respondió: Bebe, señor mío; y se dio prisa a bajar su cántaro sobre su mano, y le dio a beber. Y cuando acabó de darle de beber, dijo: También para tus camellos sacaré agua, hasta que acaben de beber. Y se dio prisa, y vació su cántaro en la pila, y corrió otra vez al pozo para sacar agua, y sacó para todos sus camellos. Y el hombre estaba maravillado de ella, callando, para saber si Jehová había prosperado su viaje, o no" (Génesis 24:19-21).

Rebeca no tenía idea de que durante las siguientes horas, mientras transpiraba en el calor de Oriente Medio y fungía de anfitriona para una manada tragona de jorobados que en cada viaje al pozo, ella estaba dando un paso más cerca hacia su Príncipe Azul. Ella nunca pudo haber imaginado que en cuarenta y ocho horas, estas mismas criaturas que estaban aprovechándose de su hospitalidad sin darle las gracias, la estarían llevando a la casa—y al hombre—de sus sueños.

El siervo de Abraham, por otro lado, estaba cada vez más seguro de ello. Cuando reflexionó sobre la disposición de Rebeca para hacer no solamente lo que él le había pedido sino más, sintió que esta era la mujer que Dios había elegido. La dulzura de su actitud a medida que ella le servía, lo convenció de que esta cortés belleza había sido elegida divinamente para ser la esposa del hijo de su amo, Isaac, uno de los hombres más santos, prominentes y adinerados.

> Y cuando los camellos acabaron de beber, le dio el hombre un pendiente de oro que pesaba medio siclo, y dos brazaletes que pesaban diez, y dijo: ¿De quién eres hija? Te ruego que me digas: ¿hay en casa de tu padre lugar donde posemos?
>
> Y ella respondió: Soy hija de Betuel hijo de Milca, el cual ella dio a luz a Nacor. Y añadió: También hay en nuestra casa paja y mucho forraje, y lugar para posar.
>
> El hombre entonces se inclinó, y adoró a Jehová, y dijo: Bendito sea Jehová, Dios de mi amo Abraham, que no apartó de mi amo su misericordia y su verdad, guiándome Jehová en el camino a casa de los hermanos de mi amo.
>
> —Versículos 22-27

Dios no presionará el botón de adelanto rápido

Como Rebeca, todos pasamos temporadas en nuestra vida como mujeres que esperan. De solteras, es posible que tengamos que esperar por un esposo. Cuando estamos casadas, es posible que tengamos que esperar en un embarazo. Si estamos en los negocios, tendremos que esperar un ascenso, un aumento o una mejor oportunidad de trabajo. Si estamos llamadas al ministerio, tendremos que esperar una puerta abierta y la voz del Señor que diga: *¡Ve!*

Para la mayoría de nosotras la espera llega de sorpresa. Tendemos a esperar que nuestro destino ordenado por Dios (o al menos la siguiente fase de él) se desarrolle de la noche a la mañana. Pero nunca sucede. No para mí. No para usted. No para nadie. Todas—y de verdad, todas—quienes desean vivir la voluntad de Dios para su vida deben aprender a esperar.

A Dios no le gusta lo instantáneo. Él no tiene planes de microondas. No hay tarjetas que digan Ve-directo-a-tu-propósito-divino puestas al azar en el juego del maestro Monópoli de la vida. Y no importa cuánto nos quejemos, roguemos o incluso oremos, la voluntad de Dios no presionará el botón de adelanto rápido y hará avanzar nuestra historia directo a la escena de nuestros sueños.

Yo sé que esto suena como una mala noticia. En la cultura de hoy, a nadie le gusta esperar. En casi todo, nos encontramos en modo altamente apresurado. Nos quejamos si tenemos que esperar veinte minutos por nuestra comida en un restaurante. Eso está bien cuando se trata de tacos y hamburguesas, pero es un problema cuando lidiamos con Dios, porque él es completamente famoso por tomarse su tiempo.

No se debe tampoco a que Dios sea lento. Cuando Él es el único involucrado, puede crear el universo en una semana. Pero cuando está trabajando con seres humanos, altera deliberadamente su ritmo. Incluye temporadas en nuestro desarrollo en que, desde el exterior, parece que no estamos...progresando...en...absoluto. Si nos inquietamos y comenzamos a colocar nuestro pie en el acelerador, Él simplemente nos recuerda:

- Aguarda a Jehová; esfuérzate, y aliéntese tu corazón; sí, espera a Jehová. (Salmos 27:14).
- Esforzaos todos vosotros los que esperáis en Jehová, y tome aliento vuestro corazón. (Salmos 31:24).
- Guarda silencio ante Jehová, y espera en él. No te alteres. (Salmos 37:7).
- Espera en Jehová, y guarda su camino, y él te exaltará para heredar la tierra. (Salmos 37:34).

Estos versículos normalmente no son lo que deseamos escuchar. Por lo tanto podemos buscar maneras de esquivarlos. Con la intención de permanecer espirituales, podemos revisar la palabra hebrea *qavah*, que se traduce como "esperar" en esos versículos. Podemos excavar diccionarios y concordancias bíblicos para ver si posiblemente pudiera significar otra cosa.

De hecho, yo ya lo hice. Me imaginé que este capítulo podría ser más divertido si descubría una definición para *qavah* que nos permitiría proceder a toda velocidad en lo que deseáramos o (cuando mucho) detenernos unos cuantos minutos y luego rugir como un Ferrari. Pero tristemente, no pude encontrar nada así.

De acuerdo con todas las fuentes que revisé, la definición de *qavah* es indiscutible: significa "esperar". También significa "tener esperanza, esperar algo ansiosamente con expectativa"; pero eso no nos ayuda mucho. De hecho, contribuye al desafío al confirmar que para *qavah*, en todo el sentido escritural de la palabra, también debemos hacerlo con fe, gracia y una buena actitud.

En otras palabras, no podemos pasar nuestras temporadas de espera golpeteando los dedos y dando vueltas, diciendo: *De acuerdo, Dios, ¡sigamos con la función!* No podemos *qavah* como Dios lo planeó y estar tan enfocadas en nosotras que en todo lo que pensemos (mientras los días y los meses avanzan lentamente) es en lo que deseamos y cuando lo deseamos; lo cual, desde luego, siempre es ahora mismo.

Esa perspectiva siempre nos resultará contraproducente. En lugar de llevarnos rápidamente a nuestro destino, nos hará cometer errores y nos ralentizará todavía más. Si nuestra atención está puesta en nosotras mismas, nos volveremos ansiosas e intentaremos forzar que las cosas sucedan demasiado rápido; o nos desanimaremos y nos volveremos apáticas, y—en nombre de dejarle todo a Dios—nos negaremos a usar nuestro tiempo de espera para prepararnos para nuestra siguiente temporada.

Rebeca no cometió ninguno de esos errores. Eso es lo que la hace una gran mentora. Ella permaneció paciente y expectante, mientras esperaba. Se negó a apresurarse; ella no arrojó el sueño que Dios había colocado en su corazón y se involucró con uno de los pueblerinos locales, solo porque alguno de ellos estuviera fácilmente disponible. No obstante, continuó mostrando iniciativa. Siguió dándoles de beber a los camellos y siendo hospitalaria. Aunque en ese tiempo aquella seguramente parecía una actividad tan mundana que en el orden superior de las cosas eso no podía importar de hecho la distinguió de todas las demás chicas a su alrededor. Eso la hizo tan atractiva que nunca tuvo que ir a buscar su sueño, porque su sueño vino a buscarla a ella.

Un patrón digno de seguir

¿Qué tenía Rebeca de especial? A ella le encantaba servir. En su tiempo de espera, ella no se concentró en sus propios sueños sin cumplimiento, sino en lo que ella podía hacer por los demás. Ella comprobó que ser una bendición para alguien más nos coloca en el lugar perfecto para ser bendecidas.

Aunque no es un principio que se aplique exclusivamente para las chicas solteras, lo he visto funcionar en varias de ellas durante los años, usualmente cuando menos lo esperan. Tome como ejemplo a Elizabeth Tooley, una miembro de Gateway Church. Luego de pasar por un doloroso divorcio, ella deseaba encontrar un lugar para servir y decidió dedicar parte de su tiempo a trabajar con el ministerio de jóvenes de nuestra iglesia. Ella no lo hizo para encontrar pareja, ni siquiera una cita. Ella solo deseaba ser de utilidad. Pero a uno de los chicos cuyo padre era soltero y trabajaba con los jóvenes también, se le ocurrió una idea y dijo: "Papá, necesitas conocerla".

Lo hizo y se enamoró, ella también, y ahora están felizmente casados y sirven juntos.

Piénselo, yo conocí a Robert en una manera similar. Cuando yo recién fui salva, me enamoré tanto de Dios y de la iglesia que me ofrecí como voluntaria para servir como pudiera. Fui a visitar a los ancianos en la noche de visitas. Pasé varios veranos trabajando en la escuela bíblica de vacaciones. Canté en el coro. Lo que pudiera hacer para ayudar en cualquier área del ministerio, lo hacía.

De manera que cuando los amigos de Robert le dijeron que salir con una chica buena le ayudaría a llevar su vida al buen camino, obviamente yo fui la elección. Yo no lo planee así. Conocer a mi esposo no fue mi motivo para servir. ¿Qué joven casa maridos persigue su meta visitando a los ancianos encerrados? Sin embargo, hacerlo me colocó en mi destino. Servir en la iglesia me dio una cita para toda la vida con el hombre de mis sueños.

Cuando miro mi vida en retrospectiva, veo una y otra vez que servir me ha abierto la puerta a cosas buenas para mí. Continúa sucediendo en la actualidad. Soy una sierva tal como siempre lo he sido, y a medida que continúo sirviendo, mi destino continúa desarrollándose. Estudie la Biblia y verá el patrón:

- Saúl estaba sirviendo a su padre al buscar las asnas perdidas, cuando se encontró con el profeta Samuel y terminó siendo ungido rey.
- David estaba sirviendo a sus hermanos al llevarles provisiones al campo de batalla, cuando se encontró con Goliat.
- Débora estaba sirviendo como profetiza cuando Dios le habló acerca de conquistar a Sísara.
- La viuda estaba sirviendo a Elías cuando sus necesidades fueron satisfechas y su hijo fue resucitado de la muerte.
- La mujer del pozo sirvió a Jesús y tuvo una transformación completa.
- Los discípulos le sirvieron y entraron en su destino como los apóstoles del Cordero.

Robert y yo hemos seguido el mismo patrón a medida que hemos caminado por el plan de Dios para nuestra vida y nuestro ministerio juntos. Aunque Dios había puesto en nuestro corazón pastorear, tuvimos que esperar siete años para que Robert se convirtiera en pastor principal. Mientras estábamos esperando, servimos en las visiones de otras personas. Trabajamos muy duro para ayudarlos a triunfar en lo que Dios los había llamado a hacer, tal como trabajamos ahora para llevar a cabo nuestra propia visión. Hicimos nuestro mejor intento por ser fieles en el lugar que el Señor nos había dado y buscamos constantemente maneras de mejorar la vida de otras personas.

A medida que lo hacíamos, el Señor nos capacitó para la siguiente temporada de nuestros sueños. Nos dio revelaciones valiosas para el trabajo del ministerio. Nos abrió los ojos a las dinámicas de la relación empleador-empleado. Vimos desde la perspectiva de los empleados lo que los líderes pueden llevar a cabo para ayudar y obstaculizar a quienes los siguen. Guardamos cada lección en nuestro corazón con el propósito de recordarla, de manera que cuando nos convirtiéramos en líderes y empleadores, pudiéramos ser una mayor bendición para la gente que trabajara con nosotros. Aunque Gateway no es un lugar perfecto y nosotros no somos empleadores perfectos, nuestro personal cada día se beneficia de lo que aprendimos en nuestro tiempo de espera.

Dejemos de pensar únicamente en nosotras mismas

Servir no solamente nos prepara para los aspectos importantes de nuestro destino, también nos ayuda a manejar las dificultades menores con que nos encontramos en el camino. Yo recordé este hecho recientemente cuando Robert y yo estábamos intentando vender nuestra casa. Teníamos un contrato, pero los compradores potenciales continuaban creando un problema tras otro.

En primer lugar, nos insistieron que bajáramos el precio. "De acuerdo", dijimos.

Luego, nos pidieron que les diéramos cosas adicionales gratis. "Está bien", dijimos.

Durante el proceso de inspección, llegaron con treinta cambios que deseaban que le hiciéramos a la casa. Nosotros aceptamos algunos solo para hacerlos felices. Hicimos el trabajo eléctrico. Presentamos una solicitud ante la aseguradora para colocar un techo nuevo —aunque sabíamos perfectamente bien que todavía le quedaban años de vida al techo—. Pero cuando regresaron los compradores con otra lista de miles de dólares en cosas que deseaban que hiciéramos, los mandamos a volar. Luego de gastar una absurda cantidad de tiempo, dinero y energía, dejamos que el trato se viniera abajo.

Una noche, mientras estaba recostada en mi cama, resintiendo la situación y esperando otro contrato, decidí leer mi Biblia hasta que pudiera quedarme dormida. Al abrir la aplicación de la Biblia en mi celular (para que pudiera leer en la oscuridad), llegué a la historia de Abraham y Sara en Génesis 20. Conozco bien el pasaje. Habla de que el rey Abimelec tomó a Sara, intentando agregarla como su concubina, y que el Señor respondió castigando a sus esposas con esterilidad. Cuando Abimelec se dio cuenta de lo que había hecho, le restauró su esposa a Abraham, sana y salva. Luego, Abraham oró, y "Dios sanó a Abimelec y a su mujer, y a sus siervas, y tuvieron hijos" (versículo 17).

Mientras leía la historia, se me ocurrió que Abraham y Sara eran estériles en el momento que Abraham oró por Abimelec. Aunque ellos habían creído durante años que Dios les daría un hijo, todavía no habían recibido la manifestación de su fe. La mayoría nos sentiríamos insuficientes en esa situación. Nos negaríamos a orar para que alguien más recibiera todo lo que a nosotros nos falta.

No obstante, Abraham lo hizo, y Dios respondió su oración. Las esposas de Abimelec comenzaron a tener bebés de nuevo. Inmediatamente después sucedió algo más: "Visitó Jehová a Sara, como había dicho, e hizo Jehová con Sara como había hablado. Y Sara concibió y dio a Abraham un hijo en su vejez, en el tiempo que Dios le había dicho" (Génesis 21:1-2).

Mientras pensaba en esa historia, decidí sacar de mi mente y de mi vida mi propia situación. Determiné sacudir mi orgullo y comenzar a orar por alguien más. Al explorar mi fichero rotatorio mental, me acordé de varios amigos que deseaban vender su casa y comencé a orar por ellos. (Uno de ellos más tarde me dijo que se dieron cuenta de que, alrededor del tiempo en que yo oré, llegaba más gente a ver su casa).

En cuestión de tres días, Robert y yo recibimos de unas lindas personas una oferta sólida por nuestra casa. Hacer trato con ellos fue encantador. Luego de que firmamos el contrato, ellos condonaron el proceso de inspección y la venta se llevó a cabo a una velocidad asombrosa. Toda la experiencia fue una bendición.

No estoy insinuando que esta sea una clase de fórmula. No estoy diciendo que al orar por otros podemos hacer que Dios expida nuestra propia orden. Pero sí creo que es una grandiosa manera de vencer al enemigo. Cuando él nos está amenazando, diciéndonos que Dios nos ha olvidado, que Él está jugando cruelmente con nosotros al hacernos esperar, podemos tomar la delantera al convertirnos en una bendición para alguien más. Podemos abrirle el camino a

Dios para que haga cambios vitales en nuestro corazón y nos ayude a ser menos egoístas y más amorosas.

Estoy convencida de que el Señor puede hacer mucho más, tanto en nosotras como por nosotras, cuando no nos ensimismamos tanto que todo lo que pensamos se trata de mí, de mí y de mí. También creo que Él se agrada más al darnos cuando nosotros estamos enfocadas en darle a alguien más. Como madre sé cómo puede ser eso. Cuando mis hijos eran pequeños, yo no disfrutaba ser generosa con ellos si ellos siempre me decían: "¡Dame! ¡Dame!". Yo tendía a resentirlo. Pero mi corazón se deshacía cuando se acercaban a mí en nombre de otra persona y decían: "Mamá, ¿podemos hacer esto para ayudar a mi amigo? Él realmente lo necesita". De pronto, yo no solamente deseaba bendecir a su amigo, ¡deseaba bendecirlos a ellos también!

¿No cree usted que nuestro Padre celestial se siente de la misma manera?

Mejore sus habilidades de sierva

Aunque nuestra motivación al servir nunca debe ser llamar la atención hacia nosotras mismas, observe esto: el corazón de una sierva será reconocido. La gente se dará cuenta de nosotras, al igual que el siervo de Abraham notó a Rebeca, cuando servimos con excelencia y una dulce gratitud. Al colocar primero a los demás por sobre nosotras y dejar preocuparnos por ser alabadas y apreciadas, irónicamente es cuando la alabanza y la apreciación vendrán con seguridad.

No de todo el mundo, desde luego. Y no siempre de inmediato. Algunas veces toma tiempo. Algunas veces simplemente tenemos que servir como para el Señor durante una temporada, sin que la gente lo vea. Pero finalmente, Dios traerá a la persona correcta a nuestro camino: alguien que se interesará en nosotras.

Nunca podremos alcanzar nuestro destino sin la ayuda de alguien más. De manera que si permanecemos en sintonía con Dios y sirviendo, podemos contar con esto: alguien va a reconocer nuestro potencial. Alguien va a creer en nosotras y a recomendarnos. Alguien va a estar impresionado cuando gentilmente les demos de beber a sus camellos. Cuando eso suceda, estaremos de camino a nuestra siguiente temporada.

Mientras tanto, es coherente mejorar nuestras habilidades como siervas. Por lo tanto, aquí hay cinco sugerencias que la ayudarán.

1. Busque maneras prácticas de mejorar la vida de otra persona. No intente impresionar a nadie con sus grandes dones y habilidades; haga lo que se necesite hacer. Eso hizo mi amiga de mucho tiempo, Debra Leckie. Ella fue contratada como una empleada eventual en Synopsys, para responder el teléfono. Luego de unos días, ella vio que no tenía mucho qué hacer, de manera que se ofreció a archivar y preparar documentos entre llamadas. Antes de que pasara mucho tiempo, ella era la jefa de personal. Lo mismo sucedió con Jan Greenwood, una miembro de Gateway Church. Ella comenzó en nuestra oficina como residente. Vio las necesidades, comenzó a satisfacerlas, y antes de mucho tiempo ella era pastora en nuestro ministerio de mujeres.

2. Cuide su corazón. Cuando sirve a alguien más, a menudo ve lo que nadie más puede ver. (¡La mujer que limpia mi casa puede contar mis más profundos secretos! Ella conoce mejor que nadie la verdad acerca de cómo llevo mi casa). Obtener tales vislumbres de las imperfecciones de la gente puede tentarla a decepcionarse y desilusionarse. Pero no ceda ante la tentación. Solo ore por ellos, luego deje que Dios sea el juez. Hay veces también en que siente que otros se están aprovechando de usted. Cuando eso suceda, mantenga sus ojos en Jesús. Recuérdese que usted lo está sirviendo, y todo estará bien. La gente a quien Jesús sirvió también se aprovechó de Él; no obstante, Dios lo recompensó por su fidelidad al final. Él hará lo mismo con usted.

3. Sirva con gozo y sea paciente. Josué le sirvió a Moisés durante cuarenta años sin quejarse ni refunfuñar. Tenía la promesa de Dios acerca de tomar la Tierra Prometida, pero tuvo que esperar un largo tiempo para verla

cumplida. Su alegre y paciente servicio lo preparó para su destino. El suyo la preparará también.

4. Haga más cuando se lo pidan, hágalo antes de convencerse a sí misma de lo contrario. "Y a cualquiera que te obligue a llevar carga por una milla, ve con él dos" (Mateo 5:41). La gente con una verdadera mente de siervo hace algo adicional. Hacen algo inesperado, no porque deseen ser reconocidos, sino porque desean ser una bendición. El año en que mi hijo Josh y mi nuera, Hannah, vivieron con nosotros, Hannah siempre estaba buscando maneras de servirme. Ella doblaba la ropa, hacía la comida o hacía algún mandado, pero era difícil seguir el ritmo. No necesito decir que yo me sentí triste cuando ellos empacaron y se mudaron.

5. Lo que usted haga, hágalo lo mejor que pueda. Sirva con excelencia, pero no sea perfeccionista. (Nada es perfecto en la Tierra). Recuerde que usted es la embajadora de Dios quien lo representa en el hogar, en el trabajo, en la iglesia, en el supermercado y adondequiera que va. Por lo tanto, no haga nada con poco entusiasmo. Realice cada acto de servicio con todo su ser, anhelando el día en que su espera termine y escuche al Maestro decir: "Bien, buen siervo y fiel" (Mateo 25:21).

Aunque no nos guste, es inevitable esperar. Vamos a tener que esperar. Servir mientras esperamos puede abrir las puertas para el avance, el cumplimiento y posiblemente incluso el amor.

Una cita divina

Entre a la presencia del Señor a través de la alabanza

Mas la hora viene, y ahora es, cuando los verdaderos adoradores adorarán al Padre en espíritu y en verdad; porque también el Padre tales adoradores busca que le adoren. Dios es Espíritu; y los que le adoran, en espíritu y en verdad es necesario que adoren.

JUAN 4:23-24

No sé a *quién* se le ocurrió primero la idea de que este es un mundo de hombres. Pero puedo garantizarle esto: definitivamente no fue Jesús. Si Él hubiera tenido esa actitud, nunca habría aparecido en Samaria en el pozo de Sicar.

Después de todo, ese era un extraño lugar para un hombre judío. Situado en una región poblada por hebreos mestizos quienes se habían casado con gentiles, las aguas de Sicar eran un anatema para los judíos puros. Ellos preferían morirse de sed en lugar de tomar un solo sorbo racialmente contaminado.

Ninguno de ellos enfrentaría jamás tal dilema. En cuanto a los principios de prejuicio, los judíos de los días de Jesús evitaban Samaria por completo. Si ellos tenían que viajar a Judea y Galilea, ellos rodeaban, tomando el camino largo a través de Jericó y el río Jordán. Era mejor caminar unas cuantas millas más que arriesgarse a codearse con un samaritano. Al menos, tal era la perspectiva común. Pero, desde luego, Jesús no era nada común. Él iba a Samaria cuando deseaba. Y, en por lo menos una ocasión, fue allá, no solamente porque necesitaba pasar por ahí, sino también porque—en medio de una cultura que creía que Dios solamente hablaba y obraba a través de los hombres—tenía una cita divina. Con una mujer.

Una mujer *samaritana*.

Ella tampoco era una samaritana promedio. Ella era una marginada entre los marginados. Una divorciada por quinta vez que vivía con su novio. Al ser una rechazada social que había sido aislada por otras mujeres de su comunidad, fue al pozo a medio día, en lugar de ir al anochecer, para poder sacar agua cuando nadie más estuviera cerca.

Aunque estoy convencida de que su encuentro con la mujer fue organizado por Dios, Jesús no les contó nada al respecto a sus discípulos. No les dijo que su Padre lo estaba enviando a ministrar a una mujer sola y herida que necesitaba desesperadamente una interacción transformadora con Él. Solo aclaró que en su viaje de Judea a Galilea, "Le era necesario pasar por Samaria".

> Vino, pues, a una ciudad de Samaria llamada Sicar, junto a la heredad que Jacob dio a su hijo José. Y estaba allí el pozo de Jacob. Entonces Jesús, cansado del camino, se sentó así junto al pozo. Era como la hora sexta. Vino una mujer de Samaria a sacar agua; y Jesús le dijo: Dame de beber. Pues sus discípulos habían ido a la ciudad a comprar de comer.
>
> —Juan 4:4-8

Como lo mencioné anteriormente, a lo largo de la Biblia Dios trata a las mujeres con una ternura especial. Por lo tanto, no es de sorprenderse que los primeros momentos de Jesús con la mujer samaritana fueran dulces y amables. Él no la menospreció ni la reprendió por el desastre que había hecho de su vida. Él no la miró con desaprobación y ni siquiera le predicó. En cambio, le reveló su humanidad. Polvoso y cansado, simplemente le pidió un poco de agua.

Posiblemente no se nos haga la gran cosa, pero desde la perspectiva de la mujer samaritana, la petición era monumental. Muy probablemente, a ella nunca le había hablado un hombre judío. Debido a que su raza y su género la volvían inaceptable, ella esperaba que Jesús la ignorara o la despreciara en silencio. No obstante, Él le habló.

No solamente reconoció su existencia, sino también se acercó a ella como si ella tuviera valor, como si ella tuviera algo que dar.

Aunque solo fuera una taza de agua.

Al mirarlo, ella debió haber hecho una pausa durante un momento para estudiar su amable rostro y resolver su confusión, antes de preguntarle:

> ¿Cómo tú, siendo judío, me pides a mí de beber, que soy mujer samaritana? Porque judíos y samaritanos no se tratan entre sí.
>
> Respondió Jesús y le dijo: Si conocieras el don de Dios, y quién es el que te dice: Dame de beber; tú le pedirías, y él te daría agua viva [...]
>
> Respondió Jesús y le dijo: Cualquiera que bebiere de esta agua, volverá a tener sed; mas el que bebiere del agua que yo le daré, no tendrá sed jamás; sino que el agua que yo le daré será en él una fuente de agua que salte para vida eterna.
>
> La mujer le dijo: Señor, dame esa agua, para que no tenga yo sed, ni venga aquí a sacarla.
>
> —Versículos 9-10, 13-15

Confesiones de la "Madre Teresa"

A Robert le gusta decir que se casó con la "Madre Teresa", porque yo fui salva de pequeña, antes de que tuviera tiempo de hacer algo particularmente escandaloso. Pero no me identifico realmente con la Madre Teresa. En realidad me identifico con la mujer del pozo. Cierto, yo no era una divorciada cuando Jesús me salvó. No tenía un pasado sórdido. No era una mujer que se considerara sospechosa. No obstante, yo era una marginada. Desde mi juventud, mi inhabilidad de leer me hizo sentir inaceptable y avergonzada.

Y Jesús lo sabía. Él comprendió mi dolor, tal como comprendió el de la mujer samaritana. Por lo tanto, así como seguramente organizó el encuentro con ella en Sicar, organizó una cita divina conmigo en una iglesia bautista del este de Texas.

Mi abuela—una mujer santa y plantadora de iglesias—fue quien me preparó para el encuentro. Varios años antes de que fuera salva, fui a visitarla y ella intentó presentarme a Jesús al insistir que mirara a Billy Graham en su televisor. Aunque yo era muy tímida para protestar, no estaba realmente interesada en Jesús o en el reverendo Graham entonces. Solo deseaba salir y jugar con mis primos. Pero mi abuela había tomado una decisión. Al colocarme frente al televisor, me instruyó a que "jugara a la iglesia" al sentarme quieta y escuchar el sermón. Yo obedecí con la expectativa de que cuando terminara la transmisión, yo podría salir.

Pero mi expectativa resultó estar equivocada. Billy Graham, por casualidad, estaba predicando en los tres canales de la casa de la abuela esa noche. Los programas se transmitían con treinta minutos de diferencia. Yo tuve que verlos todos.

Luego, mi abuela me sentó en su regazo y me preguntó si deseaba hacer la oración del pecador: "No, no quiero—le dije—. Quiero ir afuera a jugar". Luego me retorcí para liberarme y salí rápidamente por la puerta.

Aproximadamente dieciocho meses después, mi abuela falleció. Su partida me impactó fuertemente. Eso encendió en mi corazón un deseo de conocer al Señor en la misma manera que ella lo había conocido. Los domingos cuando mis padres me llevaban a la iglesia, comencé a poner más atención al mensaje. Durante la reunión anual de avivamiento de la iglesia, escuché con cuidado al predicador visitante. Sonaba muy parecido a mi abuela, de manera que le entregué mi vida a Cristo.

Aunque yo solamente tenía diez años, encontrar a Jesús en una manera personal como mi Señor y mi Salvador cambió el curso de mi vida. Me transformó de ser una marginada inaceptable a ser una hija de Dios, aceptada en el Amado. Abrió un manantial dentro de mí y me ayudó a comprender a lo que Jesús se refirió cuando le dijo a la mujer samaritana: "el agua que yo le daré será en él una fuente de agua que salte para vida eterna".

Tengo que admitir, sin embargo, que me tomó años comprender lo que Jesús dijo después. Aunque lo leí muchas veces, no me parecía lógico. No tenía una verdadera revelación de lo que quiso decir cuando habló en el pozo de Sicar acerca del tema de la adoración.

Aparentemente, tampoco la mujer. Ella pensó que, al igual que una propiedad, la adoración se trataba de una ubicación. Ella creía que el monte Gerizim—el monte de Samaria donde Abraham ofreció a Isaac y se pronunciaron las bendiciones sobre los primeros israelitas—era el lugar correcto. Pero ella tenía un anhelo interno de acercase a Dios apropiadamente, y ella deseaba asegurarse que estaba en lo correcto. De manera que una vez que se dio cuenta de que Jesús era un profeta, ella le dijo:

Nuestros padres adoraron en este monte, y vosotros decís que en Jerusalén es el lugar donde se debe adorar.

Jesús le dijo: Mujer, créeme, que la hora viene cuando ni en este monte ni en Jerusalén adoraréis al Padre. Vosotros adoráis lo que no sabéis; nosotros adoramos lo que sabemos; porque la salvación viene de los judíos. Mas la hora viene, y ahora es, cuando los verdaderos adoradores adorarán al Padre en espíritu y en verdad; porque también el Padre tales adoradores busca que le adoren. Dios es Espíritu; y los que le adoran, en espíritu y en verdad es necesario que adoren.

—Juan 4:20-24

¿Por qué es tan importante la adoración?

Yo estoy extremadamente agradecida por mi herencia espiritual. Aprendí muchas verdades asombrosas en la iglesia a la que asistía de pequeña. Pero una de ellas no fue cómo adorar en espíritu y en verdad.

Al tener que formular mi propia teoría al respecto, decidí que la adoración era un tipo de actitud nublada y religiosa que venía de la mano cuando alguien necesitaba obtener algo de Dios. Parecía estar asociada con el canto, pero en mi vida, yo no podía comprender por qué.

Lo que cantábamos en mi iglesia parecía ser poco más que un relleno. Ayudaba a mantener ocupada a la congregación mientras que los que llegaban tarde se amontonaban y encontraban su lugar en las bancas. Además nos daba una oportunidad de levantarnos y estirar las piernas antes de que comenzara el sermón. Pero las canciones no significaban nada para nosotros. Cantarlas era solamente un ritual.

Lo que era peor es que era aburrido. Nuestro repertorio estaba limitado a unas doce canciones. Al cantar tres cada semana, las rotábamos mensualmente. Cada domingo repetíamos la misma rutina una y otra vez. Jamás nos dieron una explicación bíblica de lo que estábamos haciendo. Nadie nos animó jamás a voltear nuestra atención al Señor mientras cantábamos. En algunas ocasiones, el ministro de música nos daba un trasfondo histórico acerca de un himno en particular. Pero eso no ayudaba mucho. Toda la pesada experiencia permanecía sin vida constantemente.

No es que no tuviéramos músicos talentosos. Los teníamos. Pero aun así, no entendía la necesidad de tenerlos. Su porción del servicio en la iglesia parecía como una pérdida de tiempo. Yo no me podía conectar con ella. La oración, por lo que comprendía, era hablar con Dios. La predicación, la cual apreciaba, era aprender de Dios. Cantar, bueno, eso no lo entendía. Aunque las palabras de las canciones estaban centradas en Dios, no me enseñaban nada, y ciertamente no eran una expresión de mi corazón.

¿Entonces cuál era el propósito?

Fue una pregunta que me hice durante más de una década. Luego, a los pocos años de casarme con Robert, descubrí la respuesta un domingo en la mañana en el último lugar que esperé encontrarla: en una iglesia carismática. Unos amigos nuestros habían estado asistiendo a la iglesia y estaban emocionados, de manera que nos invitaron a Robert y a mí a acompañarlos. Aunque normalmente no frecuentábamos tales iglesias, habíamos estado experimentando un tipo de revolución espiritual en nuestra vida. De manera que aceptamos darle una oportunidad a la iglesia.

Debo confesar, sin embargo, que fuimos con una actitud crítica. Pensamos que veríamos qué estaba mal ahí para poder decírselo a nuestros amigos. Pero lo que encontramos estaba tan bien que nos asombró.

Tuvimos nuestra primera sorpresa antes de entrar al santuario. Por primera vez en nuestra vida, vimos a la gente esperando formada para entrar a la iglesia. La iglesia estaba llena de lado a lado en el vestíbulo como un montón de sardinas con Biblias, y habían llegado temprano para que cuando terminara el primer servicio pudieran apurarse y obtener un buen asiento para el segundo servicio.

Tal concepto era completamente extraño para mí. En la iglesia de mi infancia, la gente a menudo vagaba fuera del edificio hasta el último momento posible en que, arrastrando sus pies con renuencia, finalmente entraban.

¡Este definitivamente era un tipo diferente de iglesia!

Una vez que comenzó el servicio y la música, me encontré con otra sorpresa más: la gente cantaba con una pasión que no había visto antes. Levantaban sus manos en adoración. Lloraban. Al poco rato incluso estaban arrodillados en reverencia al Señor. Las únicas dos personas del santuario que permanecieron de pie y con sus manos incómodamente a los lados, éramos Robert y yo.

Aunque estábamos desacostumbrados a una adoración tan exuberante, quedamos cautivados por ella. Era pura y asombrosa. *¡Esto es hermoso!*, pensé.

Yo sabía que tales expresiones de adoración estaban en las Escrituras, porque había leído al respecto en la Biblia. Había visto referencias de manos santas levantadas y de inclinarse al Señor, e incluso de danzar ante Él como David lo hizo. Pero había asociado tales cosas con una cultura del Antiguo Testamento que ya había muerto hace mucho tiempo. Nunca se me ocurrió que Dios todavía aprecia tal adoración. Al suponer que Él había envejecido, me lo imaginaba como un abuelo antiguo quien no deseaba que lo molestaran mucho cantando fuertemente y gritando. Asumía que Él estaba agradecido de que la mayoría de iglesias bajaran el volumen.

Claramente, había estado equivocada. A medida que miraba adorar a esos creyentes, podía sentir en mi corazón que Dios estaba complacido con lo que estaban haciendo. Pero por más que lo apreciara, yo no podía imaginarme participar alguna vez.

Mis tradiciones religiosas no me lo permitirían. Tampoco mi orgullo. Disfrazado de inseguridad, me restringía al recordarme lo que otros podrían pensar. Me privaba del honor de adorar a mi Redentor.

Pero solo durante un tiempo. A medida que Robert y yo regresamos una y otra vez a esa iglesia a adorar, Dios hizo la obra en mi corazón. Me ayudó a lidiar con mi basura religiosa y mi orgullo. Gradualmente comencé a levantar mis manos en adoración. Al principio, solo un poco, luego un poco más alto. Cuando finalmente las levanté por completo, sentí una libertad espiritual que no podía creer. Había esperado mucho tiempo para rendirme para adorar al Señor. Pensé: *¿Por qué no desearía honrar al Señor de esta manera?*

Con el tiempo, adorar se convirtió en una parte tal de mí que no me importaba quién me viera haciéndolo o lo que pensaran. Lo que importaba era que Dios pudiera verme, y yo deseaba ser real y transparente con Él. En un sentido, la adoración me liberó para ser yo misma en mi relación con el Señor. Me liberó para ser quien soy. Yo lo descubrí porque estoy creada para adorar a Dios en espíritu y en verdad, mientras adoro, me hago cada vez más quien nací para ser.

Esto no es solo para mí, sino para todos los creyentes: cuando adoramos, Dios nos transforma.

Cuando adoramos, escuchamos su voz.

Cuando adoramos, vemos las verdades que Él desea mostrarnos. Cuando adoramos, somos transformadas.

Detenerse, mirarle y escucharle

"Pero Debbie—alguien puede decir—, yo soy una persona callada por naturaleza. No me siento cómoda con expresiones demostrativas de amor por Dios. ¿Realmente son necesarias?".

Sí, lo son por esta razón: las relaciones de una vía no funcionan. No prosperan ni crecen. Para que las relaciones sean sanas, debe existir un intercambio de dos vías. Ambas partes deben comunicarse lo que hay en su corazón. Es por ello que Dios plantó en nosotros un anhelo de expresarle nuestra devoción a través de la adoración. Esta profundiza nuestra relación con Él como nada más puede hacerlo.

Aunque adorar junto con otros creyentes quizá le dé vergüenza al principio a quienes tienden a ser más reservadas y tímidas, es importante para nuestro desarrollo espiritual. Cuando los cristianos adoramos juntos, movemos el espíritu de los demás. Cada uno suelta ríos de agua viva desde su interior, luego juntos creamos una corriente de la presencia de Dios que abre camino a encuentros muy especiales con el Señor.

Los tiempos privados de adoración son preciosos también. Una de las experiencias más poderosas que he tenido con el Señor sucedió cuando lo estaba adorando sola. A solas en un tiempo de oración y alabanza, tuve una visión. Me vi a mí misma en el Lugar Santísimo. ¡Fue una vista extraordinaria! La luz me envolvía por completo, tanto que al mirar alrededor, me di cuenta de que yo no proyectaba sombra en ninguna dirección.

Al estar iluminada y transparente ante el torno de Dios, yo supe que Él podía ver todo a través de mí. Nada estaba escondido de su vista. En el Antiguo Testamento, los sacerdotes podían morir si entraban en el lugar santísimo con sus imperfecciones descubiertas; no obstante, ¡pude pararme sin temor en la misma presencia de Dios!

A medida que reflexionaba en lo que el Señor me estaba mostrando, vi la magnitud de su amor por mí. ¡Comprendí cuán bendecida estoy de que Dios entregara a su Hijo y me hiciera un camino para entrar en el Lugar Santísimo, llena de su justicia y limpia de todo pecado!

La información no era nueva para mí, desde luego. Durante años la había conocido en cierta medida. Pero en ese momento me impactó en una manera más profunda. Algo cambió en mi corazón y nunca volveré a ser la misma.

Todo porque pasé tiempo en adoración. No del tipo de adoración sin vida que experimenté cantando en mi iglesia de pequeña, sino la adoración "en espíritu y en verdad" que viene a través de enfocarse en Dios.

La verdadera adoración siempre comienza con enfoque. Comienza cuando hacemos lo que Moisés un día en el patio trasero del desierto: vio una zarza ardiente y en lugar de solo mirarla y pasarse de largo, dijo: "Iré yo ahora y veré esta grande visión, por qué causa la zarza no se quema" (Éxodo 3:3). Dejó lo que estaba haciendo y se tomó el tiempo de contemplar (versículo 2).

Contemplar significa "ver con una mirada prolongada", para darle toda su atención a algo. Eso es lo que hacemos cuando adoramos al Señor. Quitamos nuestra atención de todo lo demás y nos concentramos en Él. Al acallar todas las distracciones de nuestra vida, lo miramos a Él con los ojos de nuestro corazón. Y "mirando a cara descubierta como en un espejo la gloria del Señor, somos transformados de gloria en gloria en la misma imagen, como por el Espíritu del Señor" (2 Corintios 3:18).

Es un proceso simple, pero no es necesariamente fácil. Muchas de nosotras que vivimos en la cultura apresurada de hoy, tenemos el periodo de atención de un colibrí. Nuestros pensamientos cambian constantemente de una cosa a otra. Añádale los intentos del diablo para distraernos y enfocarnos en Dios puede ser un verdadero desafío. Levantamos nuestras manos en adoración y terminamos pensando en la fecha de entrega de un trabajo o haciendo una nota mental de lo que necesitamos recoger en el supermercado de camino a casa de la iglesia.

Cuando cedemos a tales distracciones, nos perdemos uno de los más grandes beneficios que Dios nos ofrece. Nos convertirnos en adoradoras con déficit de atención y nos robamos la bendición que experimentó Moisés. Mire su historia de nuevo y entenderá a qué me refiero:

> Viendo Jehová que él iba a ver, lo llamó Dios de en medio de la zarza, y dijo: ¡Moisés, Moisés! Y él respondió: Heme aquí.
>
> —Éxodo 3:4

¡Moisés escuchó la voz de Dios! Debido a que se tomó tiempo para mirar al Señor, obtuvo la oportunidad de escucharlo también.

Permítame hacerle una pregunta. ¿Ha estado esperando escuchar al Señor acerca de algo en su vida y se ha preguntado por qué ha estado callado?

Posiblemente Él esté esperando que usted voltee y lo contemple antes de que Él le hable. Posiblemente le esté diciendo a través de su silencio lo que yo solía decirles a mis hijos cuando eran pequeños. Si yo deseaba asegurarme que me escucharan, les decía: "¡Dejen lo que estén haciendo y mírenme!".

Yo a veces le digo lo mismo a Robert. Él solamente puede enfocarse en una cosa a la vez. De manera que cuando deseo que comprenda algo en una manera que de verdad se registre en él, le pido que me *mire* cuando hablo. Lo hice recientemente cuando iba a salir de casa unos días para un congreso de mujeres. Debido a que deseaba que las plantas de nuestra casa sobrevivieran en mi ausencia, le dije: "Robert, mírame. Riega las plantas cuando no esté". Algunos creyentes piensan que debido a que Dios siempre está con nosotros, en realidad no necesitamos apartar tiempo para "mirarlo". Pero el hecho es que sí. Para que nuestra relación con Dios florezca, necesitamos detenernos, mirarlo y escucharlo. Necesitamos venir ante su presencia con cántico (ver Salmos 100:2). Necesitamos entrar en el Lugar Santísimo por la sangre de Jesús y acercarnos a Dios (Hebreos 10:19-22).

Cosas asombrosas suceden cuando estamos en la presencia del Señor:

- Nuestros enemigos caen ante nosotros (ver Salmos 9:3).
- Las montañas se mueven (ver Salmos 68:8).
- Experimentamos la plenitud de su gozo (ver Salmos 16:11).
- Somos refrescadas (ver Hechos 3:19).

Cuando la mujer del pozo entró en la presencia de Jesús, su vida completa fue transformada. Ella pasó de esconderse en humillación a proclamar las buenas nuevas. Ella encontró tal aceptación en Cristo que pudo alcanzar a una comunidad que la había rechazado durante años, al haber experimentado de primera mano el amor del Señor: "Entonces la mujer dejó su cántaro, y fue a la ciudad, y dijo a los hombres: Venid, ved a un hombre que me ha dicho todo cuanto he hecho. ¿No será éste el Cristo? Entonces salieron de la ciudad, y vinieron a él" (Juan 4:28-30).

Si se siente tentada a preguntar, como me sucedió durante muchos años: "¿Por qué es importante la adoración", piense en lo que sucedió en el pozo de Sicar. Recuerde que hace algunos miles de años, toda la ciudad fue cambiada, porque Jesús tuvo un encuentro con una mujer solitaria que deseaba aprender a adorar.

Ahora Él tiene una cita con usted.

Levántese, entre, salga

Encuentre su camino de vuelta cuando se desvíe

Aconteció en los días que gobernaban los jueces, que hubo hambre en la tierra. Y un varón de Belén de Judá fue a morar en los campos de Moab, él y su mujer, y dos hijos suyos. El nombre de aquel varón era Elimelec, y el de su mujer, Noemí; y los nombres de sus hijos eran Mahlón y Quelión, efrateos de Belén de Judá. Llegaron, pues, a los campos de Moab, y se quedaron allí.

Rut 1:1-2

Cuando vimos el letrero, *¡Bienvenidos a Oklahoma!,* supimos que estábamos perdidos. Con todo el respeto que se merece Hugo, no era donde deseábamos estar. Con mi estómago lleno de miedo, revisé el reloj del tablero. ¡Faltaban pocos minutos para mi toque de queda! ¿Qué le iba a decir a mi papá? Mi padre, quien me estaba esperando en Longview (la cual, por cierto, está en *Texas*), esperaba que entrara por la puerta en cualquier momento. ¿Cómo iba a reaccionar ante la llamada de su hija adolescente que le informaba que el chico con el que había salido se confundió de camino? "No, papá, Robert y yo no estamos a unos minutos. Estamos a cuarenta millas…en Oklahoma".

La risa y la conversación que habían llenado el coche horas antes se habían tornado en silencio, mientras Robert y yo intercambiábamos miradas confundidas. ¿Cómo llegamos aquí?

Habíamos pasado la tarde en un evento cristiano de jóvenes en

Mount Pleasant, Texas, una ciudad a aproximadamente sesenta millas (96,56 km) al norte de Longview. Nuestros padres nos habían dado permiso de conducir solos al evento. Aunque no teníamos idea de cómo habíamos llegado allá, el padre de Robert le había dado indicaciones antes de irnos.

"Toma la 271 hacia el norte", le dijo.

Sonaba muy simple, y lo era. Encontramos Mount Pleasant sin problema. Cuando terminó el evento y nos dirigimos a casa, Robert siguió las mismas indicaciones. Él había regresado a la 271 hacia el norte. Nos estábamos divirtiendo tanto, hablando y bromeando, que condujo durante dos horas sin darse cuenta de que íbamos en la dirección equivocada. Robert a menudo me molesta con mis momentos de chica rubia tonta. El viaje accidental a Hugo fue uno de los suyos. Aunque fue hace más de treinta años, me gusta señalarlo como la evidencia que de que no importa el color de tu cabello, los momentos de chica rubia tonta son una parte inevitable del ser humano. La cuestión no es si los tendremos, eso es un hecho. Lo que varía es el grado.

Algunos momentos de chica rubia tonta son bobos e intranscendentes. Otros son graves y tienen un impacto significativo en nuestra vida. En lugar de llevarnos brevemente hacia Hugo, nos llevan a desviaciones que pueden durar décadas. Nos desvían de nuestro destino y nos llevan tan lejos fuera del camino que nos preguntamos si alguna vez encontraremos el camino de vuelta.

¿Qué hacemos si nos encontramos en una situación semejante?

Mi consejo es pasar tiempo con Noemí. Ella ha estado ahí. Ella y su esposo, Elimelec, dieron giros equivocados que los llevaron justo a la ciudad incorrecta, pero de un país extranjero lleno de dioses paganos. Tomaron algunas malas decisiones que dejaron viuda a Noemí, doliéndose en Moab por el hogar que había dejado atrás.

La pareja no había planeado cometer tales errores costosos, desde luego. Eran básicamente buenas personas. Como descendiente de Abraham, a tan solo algunos peldaños de Isaac y Jacob, Elimelec provenía de una rica herencia de fe. Incluso su nombre significaba *Dios es Rey*. Pero cuando los tiempos se hicieron difíciles y su fe fue probada, Elimelec perdió su camino.

Tomó una actitud tal de desánimo que nombró a sus hijos Mahlón y Quelión, los cuales en hebreo significan *enfermo* y *languideciente*. La Biblia no dice que pensó Noemí acerca de los nombres, pero cualesquiera que fueran sus pensamientos, ella estuvo de acuerdo con todas las decisiones de su esposo. Ella también aceptó el plan mal diseñado de Elimelec de dejar su casa para ir en busca de pastos más verdes.

A él se le ocurrió la idea porque a Belén (que significa "Casa de pan") irónicamente se le había acabado el pan. Los israelitas habían caído en sus antiguos hábitos rebeldes y traído hambre a la ciudad. En lugar de vivir de acuerdo con su nombre, creyendo que Dios es el Rey y pidiéndole provisión y dirección, Elimelec maquinó su propia solución para el problema.

Se llevó a su esposa y a sus hijos, y "llegaron, pues, a los campos de Moab, y se quedaron allí" (Rut 1:2). No era un plan necesariamente maligno. Pero tampoco era la mejor intención de Dios. Por lo tanto, tan pronto como lo implementaron, la familia comenzó a ir cuesta abajo, literalmente *cuesta abajo*. Para llegar a Moab, ellos tuvieron que descender hacia el sur desde Belén e ir en dirección del mar Muerto el cual, a más de trece pies bajo el nivel del mar, es el punto más bajo de la Tierra.

Siempre sucede así. Cuando dejamos de vivir para Dios y hacerlo nuestro Rey, estamos dirigiéndonos a la parte más baja de nuestra vida. Cuando comenzamos a confiar en nosotros mismos en lugar de confiar en el Señor, nos estamos yendo hacia abajo. Estamos de camino a nuestro mar Muerto personal.

Es un mal lugar donde estar. Pero si usted termina allí de alguna manera, aquí hay una noticia para animarla: aunque es lo suficientemente profundo como para tragarse el monte Everest, es muy difícil hundirse en el mar Muerto. El agua está tan llena de minerales que cuando la gente intenta sumergirse en él, rebota.

Entre los primeros que comprobaron oficialmente este hecho, se encuentra el malvado emperador romano Vespasiano. Siendo un hombre despiadado que encabezó la destrucción de Jerusalén en el 70 d. C., escuchó rumores acerca de la flotabilidad del mar y decidió determinar su exactitud al ordenar que los prisioneros fueran arrojados con sus manos atadas.

Para el alivio de muchos prisioneros, los rumores resultaron ser ciertos. En lugar de hundirse, ellos flotaban.

Usted puede interpretar esa información como desee, pero yo lo veo como una metáfora de la misericordia de Dios. Al igual que los minerales del mar Muerto, su misericordia siempre nos rodea en los puntos más bajos de nuestra vida. No importa cuán lejos descendamos, Dios no desea que nos hundamos. Él no desea que toquemos fondo y nos hundamos. De manera que su misericordia siempre está ahí para levantarnos y mantenernos a flote.

Mejor aún, Dios incluso cambiará nuestras experiencias en las tierras bajas para nuestra conveniencia. Él alimentará nuestro crecimiento al utilizarlas a la manera en que la gente usa la potasa extraída del mar Muerto: como un potente fertilizante. Cuando nos sentimos tentadas a desesperarnos, porque hemos tomado la desviación cuesta abajo, esta es una pizca de los pormenores dignos de considerar: la enciclopedia dice que hay suficiente potasa en el mar Muerto como para proporcionarle fertilizante a todo el mundo durante dos mil años. ¡Eso es mucho crecimiento!

No solo se quede sentado, ¡levántese!

Tristemente, Elimelec no buscó a Dios cuando alcanzó su punto bajo. Simplemente continuó yendo en la dirección equivocada. Con su familia acompañándolo, viajó las cuarenta millas (64,37 km) de Belén a Moab, y se asentó ahí.

> Y murió Elimelec, marido de Noemí, y quedó ella con sus dos hijos, los cuales tomaron para sí mujeres moabitas; el nombre de una era Orfa, y el nombre de la otra, Rut; y habitaron allí unos diez años. Y murieron también los dos, Mahlón y Quelión, quedando así la mujer desamparada de sus dos hijos y de su marido.
>
> —Rut 1:3-5

¡Pobre Noemí! Vivir en una tierra extraña fuera del plan de Dios era suficientemente malo, pero hacerlo como viuda era todavía peor. En una sociedad en la que las mujeres sin esposo ni hijos que las protegieran a menudo eran depredadas y abandonadas, Noemí se quedó sin familia, con excepción de sus dos nueras moabitas. Ella no tenía manera de ganarse la vida, ni seguridad ni futuro.

Una mujer inferior pudo haber abandonado toda esperanza en una situación tal. Pero Noemí no. En la hora más oscura, ella vio un destello de la fidelidad de Dios. Se atrevió a creer que Él la ayudaría a encontrar su camino de vuelta a casa. De manera que ella "se levantó con sus nueras, y regresó de los campos de Moab" (versículo 6).

Noemí no nada más se sentó en el polvo y las cenizas. Ella no desperdició las horas deseando que las cosas fueran diferentes. Se levantó e hizo algo. Se comprometió a cambiar su vida

¡Noemí se levantó!

Cosas grandiosas pueden suceder cuando el pueblo de Dios se levanta. Revíselo en las Escrituras:

- Débora se levantó (Jueces 4:9) cuando vio que los israelitas estaban siendo oprimidos por Sísara, fue a la batalla con Barac y libertó a la nación.

- Ana se levantó (1 Samuel 1:9) cuando ella era estéril, fue al templo a buscar a Dios para que le diera un hijo, y dio a luz al profeta que llevaría a Israel de vuelta a Dios.

- Cuando el hijo pródigo "levantándose, vino a su padre" (Lucas 15:20), tanto la familia como la fortuna a las que había renunciado a través del pecado, le fueron completamente restauradas.

Si hay algo malo en nuestra vida, debemos llevar a cabo lo que hicieron estas personas. Debemos preguntarnos: *¿En qué aspecto necesito levantarme?* Luego, debemos levantarnos y dar el primer paso hacia una nueva dirección.

¡El primer paso lo es todo!

Para Noemí fue un paso de regreso, lo cual simboliza el arrepentimiento. Al cambiar la dirección que su esposo y ella habían tomado, le dio la espalda a Moab. Dejó atrás los errores del pasado y las trágicas muertes de sus seres amados. Determinada a servir a su Dios y hambrienta por el pan de su Palabra, ella puso la mira en su ciudad natal.

Sin embargo, ella no podía comprar su boleto de autobús y estar allá en una hora. Aunque Belén estaba a cuarenta millas (64,37 km) en línea directa, para llegar allá ella pasaría días de viaje a través del terreno escarpado. Descendería cuatro mil pies (1219 m)—sin el beneficio de un asno o un camello—desde Moab hasta el valle del Arabá. Luego ella subiría otros cuatro mil pies (1219 m) hacia el otro lado. Sin siervos, Noemí tendría que arrastrar su propio equipaje. Ya que las mujeres normalmente no empacan poco y en ese tiempo no había maletas con llantas, el viaje prometía ser agotador y terriblemente lento.

Además del puro desafío físico, había otros peligros que acechaban. Los bandidos se escondían en las grietas gigantes de las piedras que delineaban el camino, y atacaban a los viajeros más vulnerables. Las mujeres que viajaban solas, obviamente eran víctimas. Se arriesgaban a perder no solamente sus posesiones, sino su vida.

Noemí conocía el riesgo que estaba tomando. Ella había hecho el viaje diez años atrás. Comprendía por completo el esfuerzo y los peligros involucrados. De manera que tuvo que armarse de valor para embarcarse de nuevo en ese viaje.

Lo mismo puede suceder con nosotras. Regresar y encontrar a Dios cuando hemos estado perdidas de Él, a menudo requiere valentía y determinación. El camino puede ser difícil. Algunas veces lo olvidamos.

En mis años de ministerio, he conocido a muchas mujeres que están en el proceso de salir de su Moab, quienes vuelven con amnesia espiritual y no recuerdan cómo terminaron ahí. Desde un lugar espiritual desértico al que llegaron por caminar en desobediencia al Señor durante años, nos llaman a la iglesia esperando que les enviemos un helicóptero que las traiga de regreso a casa en un instante.

Nosotros lo haríamos por ellas si pudiéramos, pero eso es apenas posible. Normalmente cuando los cristianos se encuentran millas fuera de la voluntad de Dios, el viaje de regreso es un proceso. Se necesita fortaleza, esfuerzo y tiempo.

Yo sé algo acerca de cuán agotadores pueden ser esos viajes, no necesariamente porque haya vagado lejos fuera del camino espiritual, sino por causa de mi propia bicicleta, una bicicleta de turismo. Es un tipo de bicicleta muy ligera y que tiene el potencial de ir a gran velocidad. Cuando era nueva y yo no la había montado demasiado, me la llevé a dar una vuelta por el campo. Pedaleando cuesta arriba por las colinas y descendiendo a toda velocidad, comencé mi viaje sintiéndome toda una atleta, haciendo un buen tiempo y luciendo genial.

Luego de andar algunas millas, encontré un ascenso particularmente largo. No había problema. Yo ya sabía qué hacer. Bajé el ritmo, cambié de velocidad y pedaleé hasta la cima. Luego, a medida que alcanzaba la cima de la colina, justo frente a una multitud de espectadores, caí al suelo.

No hubo nada glamoroso ni emocionante en mi caída. Solamente me volqué—*¡pum!*—como un niño que está aprendiendo a montar bicicleta sin ruedas de entrenamiento. Mi rodilla se llevó la peor parte del choque. Sangrando y palpitando, estaba casi tan herida como mi orgullo. Yo estaba segura de que estaba fracturada. Desde luego, no lo estaba. Sin embargo, yo me compadecí de mí misma como si lo estuviera.

Luego de zafarme del manubrio y los rayos, me paré sola al lado del camino y anhelé con todo mi corazón estar en casa. Pensé en las millas que había viajado. No deseaba hacer el viaje de regreso. Deseaba que Robert fuera a buscarme, que me recogiera amorosamente en el coche y condujera de vuelta a casa. De manera que intenté llamarlo en mi celular. Allá en lo más alejado, la señal era demasiado débil. No podía localizarlo.

Solamente había una cosa por hacer: pedalear de regreso. Al tener la rodilla golpeada y gritando por la sala de urgencias, tuve que volver a montar mi bicicleta, regresar sobre el brutal asfalto y pedalear.

En un sentido, eso es lo que todas tenemos que hacer cuando nos salimos del camino y nos raspamos las rodillas espirituales. Eso es definitivamente lo que Noemí tenía que hacer. Y ella volteó su rostro hacia Belén, y probablemente se preguntó: *¿Alguien será amable conmigo? ¿Mis antiguos amigos se preocuparán por mí? ¿Mi vida será buena otra vez?* Y con esas preguntas sin respuesta, ella tuvo que comenzar su viaje de vuelta a casa.

Entre y haga un compromiso firme

A las mujeres no les gusta ir solas a casi ningún lugar. Ya sea de compras, a comer o solamente para ir al sanitario, preferimos llevar a una amiga o dos con nosotros. De manera que no es de sorprenderse que al principio, Noemí invitara a sus nueras a ir con ella en el viaje de vuelta a casa.

Lo sorprendente es el hecho de que, antes de que estuvieran demasiado lejos, ella revocara la invitación.

Al ser una mujer desinteresada, Noemí comenzó a pensar en la vida que Belén sería para las dos chicas moabitas. Su pueblo era descendiente del sobrino de Abraham, Lot, pero ellas habían pasado su vida adorando dioses paganos. Al no estar familiarizadas con las costumbres y tradiciones judías, en Israel ellas se sentirían como extranjeras en un lugar extraño. Se sentirían como Noemí se sintió mientras vivió en Moab.

Les estoy pidiendo que hagan algo que ni yo estoy dispuesta a hacer, pensó ella.

Les estoy pidiendo que vivan como extranjeras, que adoren a otro Dios.

Por más que Noemí deseara la compañía de sus nueras, ella deseaba aún más hacer lo que era mejor para ellas. Por lo tanto, al animarlas para que regresaran a casa, les dijo:

Andad, volveos cada una a la casa de su madre; Jehová haga con vosotras misericordia, como la habéis hecho con los muertos y conmigo. Os conceda Jehová que halléis descanso, cada una en casa de su marido.

Luego las besó, y ellas alzaron su voz y lloraron, y le dijeron: Ciertamente nosotras iremos contigo a tu pueblo.

Y Noemí respondió: Volveos, hijas mías; ¿para qué habéis de ir conmigo? ¿Tengo yo más hijos en el vientre, que puedan ser vuestros maridos? Volveos, hijas mías, e idos; porque yo ya soy vieja para tener marido. Y aunque dijese: Esperanza tengo, y esta noche estuviese con marido, y aun diese a luz hijos, ¿habíais vosotras de esperarlos hasta que fuesen grandes? ¿Habíais de quedaros sin casar por amor a ellos? No, hijas mías; que mayor amargura tengo yo que vosotras, pues la mano de Jehová ha salido contra mí.

—Rut 1:8-13

Una de las chicas, Orfa, cedió a las súplicas de Noemí. Ella se despidió de su suegra, llorando con un beso y regresó a su familia en Moab. Al hacerlo, ella siguió el ejemplo de una de sus ancestros, la esposa de Lot. ¿Se acuerda de la historia? Ella y Lot vivieron en Sodoma en los últimos días antes de que cayera fuego y azufre. Cuando Dios envió a sus ángeles para ayudar a su familia a escapar de la destrucción, ella fue con ellos y se escapó de la ciudad. Pero antes de que alcanzaran el destino ordenado por Dios, ella cambió de opinión. Miró hacia atrás, hacia Sodoma, y se convirtió en una columna de sal.

Yo creo que Ofra sufrió un destino similar. Debido a que ella miró el camino del Señor, no obstante decidió no seguirlo, su corazón se endureció. Ella pasó el resto de su vida con los paganos…y sin Dios.

La otra nuera de Noemí, Rut, hizo justo lo contrario. Ella tomó la decisión que todas debemos de tomar si deseamos encontrar nuestro camino de vuelta al centro de la voluntad de Dios: ¡ella permaneció! Al negar las solicitudes repetidas de Noemí de que regresara a Moab, ella pronunció uno de los discursos más elocuentes de la Biblia:

No me ruegues que te deje, y me aparte de ti; porque a dondequiera que tú fueres, iré yo, y dondequiera que vivieres, viviré. Tu pueblo será mi pueblo, y tu Dios mi Dios. Donde tú murieres, moriré yo, y allí seré sepultada; así me haga Jehová, y aun me añada, que sólo la muerte hará separación entre nosotras dos. Y viendo Noemí que estaba tan resuelta a ir con ella, no dijo más.

—Rut 1:16-18

Con esa declaración, Rut había hecho cinco compromisos firmes. Ella declaró:

1. Dondequiera que tú fueres, iré yo.
2. Dondequiera que vivieres, viviré.
3. Tu pueblo será mi pueblo.

4. Tu Dios será mi Dios.

5. Donde tú murieres, moriré yo.

Ruth no hizo esos compromisos solamente con Noemí. Ella los hizo con el Señor. Determinada a cambiar su vida, ella renunció a sus caminos antiguos, a su familia y—lo más importante de todo— a su idolatría. Ella se entregó completamente a los caminos de Dios y su pueblo.

Rut no estaba jugando, lo decía en serio. Tan pronto como llegaron Noemí y ella a Belén, ella se involucró en la comunidad. Ansiosa por servir, le dijo a Noemí:

Te ruego que me dejes ir al campo, y recogeré espigas en pos de aquel a cuyos ojos hallare gracia.

Y ella le respondió: Ve, hija mía.

Fue, pues, y llegando, espigó en el campo en pos de los segadores; y aconteció que aquella parte del campo era de Booz, el cual era de la familia de Elimelec.

Y he aquí que Booz vino de Belén, y dijo a los segadores: Jehová sea con vosotros. Y ellos respondieron: Jehová te bendiga.

Y Booz dijo a su criado el mayordomo de los segadores: ¿De quién es esta joven?

Y el criado, mayordomo de los segadores, respondió y dijo: Es la joven moabita que volvió con Noemí de los campos de Moab.

—RUT 2:2-6

Debido a que Rut entró y se conectó, encontró inmediatamente favor en su nuevo lugar. La voluntad de Dios comenzó a desarrollarse. Su bendición comenzó a manifestarse en su vida. Uno de los terratenientes más ricos de la ciudad, un pariente de Noemí, acogió a Rut como recolectora en sus campos. E incluso les ordenó a sus segadores que la protegieran y le hicieran prosperar dejando grano adicional para que ella recogiera.

Entrar de lleno a un lugar trae muchos beneficios. Yo he visto prueba de ello, no solamente en la historia de Rut, sino también en la vida de la gente que me rodea. He visto a mi mamá, por ejemplo, hacer compromisos importantes firmes en dos ocasiones en su vida. La primera vez, ella y mi padre se acababan de retirar de su empleo y se mudaron a la ciudad natal de mi papá. Mi mamá había vivido en esa zona en su juventud, pero no había estado ahí durante años. Al regresar como una extraña virtual, entró en la comunidad con vigor. Se unió a una iglesia, al grupo de jardinería y al grupo de lectura que se había estado reuniendo durante cien años. (¡Creo que algunos de los miembros originales continuaban ahí!). Ella se conectó con la gente sinceramente en su nuevo hogar e invirtió en su vida.

Luego, hace un par de años, mi mamá se mudó de nuevo a Southlake, Texas. Esta vez, ella tuvo que dar el salto sin un esposo que la ayudara a ajustarse. Pero ella se comprometió a entrar de lleno de todas formas. Ahora ella es una de las mejores voluntarias de Gateway. La última vez que revisé, ella estaba involucrada en tres grupos pequeños y comprometida con al menos tres o cuatro actividades. Sinceramente, es difícil seguirle el ritmo.

Si usted está sentada al borde de su iglesia ahora, pensando: *No sé si deseo involucrarme. Todavía estoy evaluando las cosas;* ¡mire lo que sucedió con mi mamá e involúcrese!

Yo sé que posiblemente no encuentre el lugar perfecto inmediatamente. Es posible que intente una actividad, decida que no es ideal para usted y continúe con algo más. Está bien. Lo importante es que se comprometa sinceramente con Dios y con su pueblo, y continúe participando hasta que se conecte.

"Pero necesito una mentora que me ayude—podrá decir usted—, y no sé a quién pedírselo".

Entonces no se lo pida a nadie. De todas formas, esa no es la manera en que se establecen las relaciones con las mentoras. La gente busca con frecuencia consejería de ministras prominentes, pero a menudo no pueden hacerlo. Normalmente están demasiado ocupadas aconsejando a su personal y a los niños, viajando y preparando mensajes. A veces, la gente se molesta o siente como si su destino estuviera arruinado, porque las ministras no están disponibles para aconsejarlas personalmente. Pero están equivocadas.

Estas personas necesitan dejar de esperar en una sola persona. Necesitan involucrarse en otras actividades con otras personas santas y encontrar un lugar para servir. Al hacerlo encontrarán conexiones ordenadas por Dios. Desarrollarán relaciones con gente a quien puedan acudir cuando tengan preguntas, y esas personas se volverán sus mentoras.

Salga y haga una inversión

Una vez que nos levantamos y entramos, hay algo que debemos hacer para regresar al camino que Dios tiene para nuestra vida. Debemos salir de nuestro quebranto, de nuestro dolor e invertir en alguien más.

En otras palabras, debemos seguir una vez más los pasos de Noemí.

Cuando ella llegó a Belén, todo lo que podía ver en ella eran sus sueños rotos, sus años desperdiciados y sus recursos esfumados. Ella estaba tan desilusionada y derrotada que les dijo a sus amigos que ya no podían llamarla Noemí, que significa "agradable", sino Mara, que significa "amarga". Ella declaró: "Yo me fui llena, pero Jehová me ha vuelto con las manos vacías" (Rut 1:21).

Otros, sin embargo, veían a Noemí con una perspectiva distinta. Sus nueras vieron cualidades asombrosas en ella. Estaban tan atraídas por su naturaleza amorosa y desinteresada que no deseaban dejarla. Incluso Orfa, quien decidió regresar a Moab, lloró por su partida. Ella y Rut sentían la compasión y el apoyo de su suegra. El espíritu gentil de Noemí las había hecho mutuamente tiernas.

Ya lo he dicho antes, pero es un asunto que vale la pena volver a mencionar: nosotras como mujeres de Dios, debemos tener la misma ternura entre nosotras que la que tuvieron Noemí, Rut y Orfa. No debemos estar peleando entre nosotras ni aplastándonos mutuamente para obtener reconocimiento. Debemos estar sirviendo, apoyando y animándonos unas a las otras. Es la única manera en que vamos a experimentar lo mejor de Dios.

Yo me acordé vívidamente de esto en un viaje de compras reciente. Entré a una tienda donde todo lucía bien, pero la atmósfera estaba llena de conflicto. Yo no tenía idea de lo que estaba sucediendo, pero mi espíritu estaba contristado. Aunque deseaba comprar algo, mi corazón estaba tan de nervios que no pude decidir qué deseaba.

A medida que comencé a retirarme, observé que las mujeres que trabajaban ahí se estaban arañando verbalmente. Estaban quejándose y compitiendo por las ventas. Debido a que su actitud había arruinado la atmósfera, me salí sin comprar nada. Ninguna de ellas se benefició con mi compra. Todas perdieron.

Tales cosas no tienen por qué suceder entre las mujeres llenas de la gracia de Dios. No tenemos que desplazar a nadie más para obtener un puesto para nosotras mismas. Hay lugar para todas nosotras en el escenario de Dios. Podemos animarnos unas a otras para tener éxito, porque Él tiene una plataforma de influencia para todas nosotras.

Lo que es más, ¡nos necesitamos la una a la otra! Nosotras tenemos la llave para el éxito de las demás. Incluso en nuestras temporadas más delicadas, podemos hacer inversiones que le cambien la vida a las demás. No importa cuán bajo podamos estar, todas tenemos algo que alguien más necesita.

Noemí, incluso en medio de sus propios problemas, tenía lo que Rut necesitaba para tener éxito en su nueva vida en Belén. Ella conocía las costumbres del pueblo hebreo. Comprendía la ley del pariente redentor y cómo Rut podía ponerlo en marcha y encontrar un esposo en Booz. Noemí tenía un plan. Todo lo que Rut tenía que hacer era escuchar el plan y actuar al respecto. Cuando lo hizo:

- Las lecciones de vida de Noemí se volvieron sus maestras.
- Las desilusiones de Noemí se volvieron sus oportunidades.
- El dolor de Noemí fue sanado.

Piénselo. Debido a que una mujer salió de su quebranto y se derramó en otra, la historia terminó hermosamente para ambas: el amable y bien respetado Booz las redimió en todas las formas. Presagiando la redención que vendría para toda la humanidad a través de Jesús, le restauró a Noemí la propiedad perdida de Elimelec, y se casó con Rut.

Y se llegó a ella, y Jehová le dio que concibiese y diese a luz un hijo. Y las mujeres decían a Noemí: Loado sea Jehová, que hizo que no te faltase hoy pariente, cuyo nombre será celebrado en Israel; el cual será restaurador de tu alma, y sustentará tu vejez; pues tu nuera, que te ama, lo ha dado a luz; y ella es de más valor para ti que siete hijos. Y tomando Noemí el hijo, lo puso en su regazo, y fue su aya. Y le dieron nombre las vecinas, diciendo: Le ha nacido un hijo a Noemí; y lo llamaron Obed. Este es padre de Isaí, padre de David.

—Rut 4:13-17

Un final de libro de cuentos. Eso es lo que Dios tuvo en mente para Noemí y para Rut todo el tiempo. Era *su* plan para ellas desde el principio, remontándose a Moab. Pero ellas no pudieron haber caminado solas en ello. Necesitaban estar juntas. Se necesitaban mutuamente para cumplir el plan redentor de Dios.

¿No es reconfortante saber que aunque hayamos virado y nos hayamos salido del camino, Dios todavía tiene un propósito para nuestra vida? ¿No es emocionante pensar que sin importar que nos encontremos en Hugo, en Moab o en el mar Muerto, Dios puede ayudarnos a encontrar nuestro camino de vuelta a su plan perfecto?

Él lo hizo por Noemí y Rut en una manera grande. No solamente las dirigió de vuelta al camino, dándoles a un tátara, tátara nieto llamado el rey David, Las entretejió para la eternidad en el linaje de Jesús.

Dios hará algo así de asombroso por nosotras. Si nos levantamos, entramos y salimos, Él nos dará poder para cambiar nuestra propia vida y bendecir la de alguien más. Él nos dará una historia con un maravilloso final y hará de nuestra vida un testimonio eterno de su gracia redentora.

Ya sea que se identifique con Noemí, Rut, Rebeca, Agar, María, Eva, la viuda o la mujer del pozo, Dios tiene un asombroso plan para su vida. Aprendamos de estas mujeres ordinarias: Dios eligió resaltar sus victorias y sus luchas en su Palabra eterna, para que nosotras también pudiéramos ser mujeres bendecidas.

Guía de estudio

Esta guía de discusión para grupos pequeños está diseñada para cubrir un capítulo por semana. Cada lección incluye los siguientes elementos:

Recapitulación: un rápido resumen del capítulo anterior (comenzando en la semana/capítulo 2).

Inicio: una pregunta para romper el hielo y ayudarle a las participantes a hablar y a sentirse cómodas con las demás.

Conversación: preguntas del capítulo para discusión.

Oración: cosas por las cuales orar juntas.

Exploración: preguntas diarias más profundas que deben ser respondidas antes de la siguiente reunión.

Mensajes clave: una lista de mensajes clave para la semana, incluidos para referencia.

Si usted está dirigiendo un grupo pequeño, encontrará una útil y detallada guía en inglés para líderes de *Una mujer de bendición* en la internet en: http://waterbrookmultnomah.com/pdf/BlessedWoman LeadersGuide.pdf

---

⤜ Capítulo 1 ⤛

Inicio

Cuando era niña, ¿como quién deseaba ser cuando creciera?

Conversación

1. Ser bendecida se trata acerca de la persona escondida en nuestro corazón. Esto solo viene del interior de una mujer que le ha rendido su vida completamente a Dios. ¿Qué cree usted que signifique rendirle su vida completamente a Dios?

2. ¿En qué momentos o temporadas de su vida ha deseado o necesitado más que otra mujer camine junto a usted? ¿Por qué?

3. Lea Tito 2:4-5. ¿Ha tenido en su vida a alguien que le haya enseñado lecciones de gracia, tales como las descritas en este pasaje? ¿Cómo le han impactado?

4. ¿Qué le viene a la mente cuando piensa en la palabra *mentora*? ¿Qué cree que significa ser *guiada*? ¿Algunas vez ha considerado que las personas de la Biblia podían ser sus mentoras? ¿Por qué sí o por qué no?

5. ¿Se le dificulta ser sincera con otras mujeres con respeto a sus luchas y su dolor? ¿Por qué sí o por qué no? ¿Qué tipo de relaciones espera tener con otras mujeres?

6. *¡La feminidad es vivir en todo el esplendor para el que Dios nos creó!* (p. 10).

   a. En su opinión, ¿cuál es el "esplendor" para el que Dios creó a las mujeres?

   b. ¿Cuáles son algunas características de la feminidad bíblica?

   c. Piense en una mujer que usted crea que camina en la feminidad bíblica. ¿Qué es lo que usted admira más de ella?

7. Considere la gente en quien usted ya influye—en casa, en el trabajo, en su iglesia local, en su vecindario, entre otros lugares—. Dios la creó para ser una fuente de vida, una fuente que conciba, lleve, produzca y alimente lo que le dará vida al mundo que la rodea. ¿Cómo cambia esta verdad su perspectiva de usted misma, en su caminar con Dios y de su relación con los demás?

8. *Nunca estamos solas de verdad. Dios está ahí para apoyarnos tan verdaderamente como estuvo para apoyar a Eva. Él siempre aparece para apoyar a sus hijas cuando más lo necesitan. Nos ama en una manera únicamente dulce, y sabe como nadie más cómo ayudarnos a dar vida, y a darla con gracia* (p. 10).

a. A menudo sabemos en nuestra mente algo de Dios, pero en realidad no lo creemos en nuestro corazón. En su corazón, ¿qué es lo que cree realmente que Dios piensa de usted? ¿Qué es lo que describe más de cerca la manera en que usted tiende a ver a Dios: como un Padre amable y amoroso que la disfruta y le anima, o como un instructor y gobernante para cuyo placer usted tiene que trabajar duro? ¿Por qué?

b. ¿Cómo es que comprender lo que Dios siente por usted impacta la manera en que usted recibe de Él y su Palabra?

Oración

Invite al Espíritu Santo a convertirse en su mentor y su guía, y que le muestre la dulzura del corazón del Señor para usted. Pídale que la rodee de mujeres santas que caminen junto a usted, y la ayuden a convertirse en un apoyo para las demás. Ore que aprenda lecciones más profundas de gracia a medida que conciba, lleve, dé a luz y alimente los sueños y las visiones de Dios para su vida.

Exploración

1. *En muchas maneras, este es un tiempo fabuloso para ser mujer. Pero también es un tiempo complicado. De hecho, sin la dirección de Dios, puede volverse completamente confuso* (p. 9).

a. ¿Cómo se siente de ser una mujer en el mundo de hoy? (Por ejemplo, ¿se siente agradecida? ¿Frustrada? ¿Ignorada? ¿Valorada?). Describa sus pensamientos en unas cuantas frases.

b. Pídale al Señor que le muestre lo que Él desea que usted sepa acerca de la feminidad, y por qué la hizo mujer. Escriba los pensamientos y las impresiones que le vengan a la mente.

2. ¿Qué dicen los siguientes versículos acerca del amor de Dios y su actitud acerca de usted?

Sofonías 3:17

> Efesios 1:3-6
> Romanos 8:38-39
> Salmos 139:17-18

3. Tómese algunos minutos y pídale al Señor que le muestre a quién ha puesto en su vida y con quien le gustaría que usted camine. ¿A quién admira que pueda usted invitar a tomar un café? ¿A quién conoce que le pueda faltar un poco de ánimo? Pídale al Espíritu Santo que le dirija, y escriba los nombres que le vengan a la mente. Pídale que cree oportunidades para que usted se conecte con la gente con quien Él desea que usted camine.

4. Escríbale al Señor una carta breve, expresándole su deseo de que Él la convierta en una fuente de vida bendecida y llena de gracia para el mundo.

Mensajes clave

- Las mujeres de la Biblia pueden ser nuestras mentoras y enseñarnos lecciones de gracia que podemos aplicar a nuestra vida.
- Necesitamos mentoras que caminen a nuestro lado, nos amen y nos muestren cómo llegar a donde necesitamos ir.
- La feminidad significa vivir en todo el esplendor para el que Dios nos creó.
- Las mujeres están divinamente diseñadas para concebir, llevar, dar a luz y alimentar aquello que trae vida para el mundo, tanto física como espiritualmente.

⊰ Capítulo 2 ⊱

Recapitulación

La semana pasada aprendimos que las mujeres están divinamente diseñadas para concebir, llevar, dar a luz y alimentar aquello que trae vida para el mundo, tanto física como espiritualmente. Necesitamos mentoras en nuestra vida que caminen junto a nosotras en nuestros viajes.

Inicio

Si hicieran la historia de su vida una película, ¿cuál sería el título? ¿Por qué?

Conversación

1. Lea acerca del encuentro de María con el ángel en Lucas 1:26-38.

   a. ¿Cómo cree usted que se habría sentido ese día si hubiese estado en los zapatos de María? ¿Cómo habría respondido a la interrupción del ángel?

   b. ¿Cómo responde cuando ha sentido que Dios está depositando un sueño grande, una visión o un llamado en su corazón?

2. ¿Con qué temores y objeciones pelea usted la mayor parte del tiempo cuando piensa acerca de las visiones, los sueños y los llamados que usted cree que Dios le ha dado?

3. ¿Alguna vez ha sentido que le han dado una notificación de reclutamiento, una tarea inesperada de Dios que no encaja con sus ideas preconcebidas? ¿Cómo ha visto la bondad de Dios obrando en su vida y a través de ella en esta situación?

4. *El favor de Dios siempre yace en su Palabra. De manera que cuando recibimos en fe las instrucciones que Él tiene para nosotras, su favor también viene sobre nosotras* (p. 17). Isaías 55:10-11 y Hebreos 11:1-2. ¿Qué nos dice cada pasaje acerca del poder de la Palabra de Dios para quienes la reciban por fe?

5. Específicamente, ¿cómo es que una actitud de *no puedo* frustra la obra de los sobrenatural en nuestra vida?

6. *Cuando nos enamoramos perdidamente del Señor, la visión deja de ser nuestra meta final, y, en lugar de ello, fijamos nuestro corazón en nuestra relación con el Dador de la Visión. Estamos dispuestas a hacer lo que Él pida, no por el bien de la visión, sino solo para Él* (p. 24).

   a. ¿Por qué es que solo una visión o un sueño, sin importar cuán convincentes sean, son suficientes para mantenernos activas a largo plazo? ¿Por qué deben estar alimentadas por la devoción a Aquel que amamos?

b. Incluso Jesús aguantó, porque Él era alimentado por la devoción. Lea Hebreos 12:1-3. ¿Qué (o quién) era "el gozo puesto delante de Él" que ayudó a motivarlo a soportar la cruz?

c. Describa una manera en que su conexión personal con Dios la impulsó a perseverar en una situación más allá de lo que usted normalmente habría hecho. ¿Cómo es que su relación con Él afectó su experiencia? ¿Cómo es que su experiencia afectó su relación con Él?

Oración

Invite al Espíritu Santo a que hable su visión, sus sueños y su llamado a su corazón. Pídale que le dé poder para ignorar la voz del temor en su corazón y reciba su Palabra por fe, esperando lo imposible. Establezca en su corazón buscar su rostro por sobre todas las cosas.

Exploración

1. *Aquellas cosas que asumimos que nos descalifican para cumplir el llamado de Dios, son a menudo las que nos califican para ello. Nuestras debilidades humanas y limitaciones naturales le dan a Dios la oportunidad perfecta de mostrársenos fuerte* (p. 20). Escriba sus debilidades, limitaciones o experiencias pasadas que usted pensó que la habían descalificado para perseguir la visión y los sueños de Dios para su vida. Luego, pídale al Señor que le muestre lo que él piensa acerca de cada limitación, y escriba lo que le venga a la mente.

2. ¿Ha usted estado de acuerdo con el enemigo, dándole espacio en su corazón a la voz del *no puedo*? *Arrepentirse* significa literalmente "cambiar de opinión". Tómese algunos minutos y arrepiéntase ante Dios, quebrantando su acuerdo con la voz del enemigo. Escriba una declaración

de que por el poder del Espíritu Santo, usted *cambiará de opinión* para estar de acuerdo con su Palabra.

3. Luego de recibir la Palabra de Dios, María respondió: "He aquí la sierva del Señor; hágase conmigo conforme a tu palabra" (Lucas 1:38). Ore específicamente acerca de la visión, el sueño o el llamado que siente que Dios está depositando en su corazón. Reconozca delante del Señor, como María lo hizo, que usted no es nadie especial, y coloque su vida completamente en sus manos para llevar a cabo lo que Él le ha hablado. Pídale al Espíritu Santo que le hable a su corazón, y escriba los pensamientos y las impresiones que le vengan a la mente.

4. ¿Está sintiéndose desanimada o que está perdiendo la motivación mientras persigue un sueño, una visión o un llamado de Dios? Pídale al Señor que le muestre si está siendo impulsada por el sueño nada más o alimentada por la devoción a Dios. Pídale que la ayude a profundizar su conexión con Él—la Fuente de la visión—y coloque su corazón primero que nada en su relación con Él. Pídale que hable su amor y su ánimo a su corazón, y escriba lo que sienta que Él le está diciendo.

Mensajes clave

- El proceso de concebir y dar a luz sueños, visiones y llamados dados por Dios requiere de fortaleza espiritual que viene de rendirse al poder sobrenatural de Dios.
- Recibimos los planes divinos de Dios por la fe en su Palabra.
- Debemos proteger la visión al guardar y alimentar lo que Dios colocó en nuestro corazón.
- Para ser todo lo que Dios desea que seamos, debemos dominar nuestros sentimientos de insuficiencia y continuar esperando lo imposible.
- La devoción es inspirada por el amor y alimenta la perseverancia.

⊰ Capítulo 3 ⊱

Recapitulación

La semana pasada hablamos de que debemos recibir por fe los sueños y las visiones de Dios, esperando que Él haga lo imposible a través de nuestra vida a pesar de nuestras limitaciones.

Inicio

¿Alguna vez ha perdido algo que era especialmente valioso para usted? ¿Qué era?

Conversación

1. ¿Tiene usted una tendencia de ser sobreprotectora con la gente o los sueños que ha dado a luz? ¿Cuándo le ha sido más evidente?

2. Pocas personas se dan cuenta de que están siendo sobreprotectoras. La mayoría tienen buenas intenciones y creen que lo que están haciendo está bien, lo cual les dificulta que identifiquen sus actitudes y decisiones potencialmente destructivas.

   a. ¿Cuáles son algunos ejemplos de acciones bienintencionadas que en realidad podrían ser comportamientos sobreprotectores?

   b. ¿Por qué sobreadministrar y sobreproteger a sus hijos o sus sueños reprime o dificulta su crecimiento?

   c. ¿Qué se le dificulta más de soltarle al Señor con respecto a sus hijos, su destino y sus circunstancias? ¿Por qué cree que suceda?

3. ¿Cuáles son algunas de las diferencias clave entre *soltar* y *abandonar*?

4. ¿Por qué nuestras esperanzas y nuestros sueños, incluso los que son buenos y sanos, deben ser rendidos y sometidos al Señor?

5. Describa una ocasión en que haya cambiado de estar principalmente enfocada en usted a estar enfocada en Dios, relacionada con su esperanza o su sueño. ¿Qué

diferencia hubo en su corazón y en su vida luego de que se lo entregó a Dios?

6. Lea los siguientes versículos. ¿Qué dice cada pasaje acerca de las promesas de Dios para aquellos que le confían su vida, sus hijos, sus esperanzas, sus sueños y sus llamados a Él?

> Salmos 37:3-6
> Isaías 26:3-4
> Salmos 125:1-2
> Jeremías 17:7-8
> Proverbios 3:5-6

7. *Tenía que lidiar con las heridas de mi propia alma, para que no terminara infligiéndoselas a ella. La gente herida, hiere a la gente. La gente sana, sana a la gente. Entre más sana sea nuestra alma, nuestra influencia será más pura* (p. 40).

   a. ¿Se le dificulta enfrentar el dolor de su pasado? ¿Por qué sí o por qué no?

   b. ¿Cuáles son algunas maneras especiales de lidiar con las experiencias dolorosas e hirientes, o con las creencias equivocadas que hemos recogido a lo largo del camino?

Oración

Pídale al Espíritu Santo que le ayude a soltar a sus hijos, sus sueños y su destino bajo su cuidado y atención. Pídale que le dé sabiduría para discernir las etapas de su vida y para dirigir y alimentarlas apropiadamente. Comprométase a buscar su mano sanadora que la haga plena, de manera que pueda ser una influencia positiva en la vida de los demás.

Exploración

1. En la vida de cada una de nosotras hay cosas en las que podemos confiar en el Señor con facilidad, y cosas que se nos dificultan soltarle a Él. ¿Qué está enfrentando ahora y que se le dificulta entregarle completamente al Señor?

    a. ¿A qué le teme más con respecto a esta situación? Pregúntele al Señor específicamente por qué usted lucha tanto en este aspecto—con qué temores o dudas subyacentes se encuentra luchando—y escriba lo que le venga a la mente.

    b. Ahora, hable con Dios y entréguele a Él el temor subyacente. Invítele a tomar el control absoluto en este aspecto. ¿Qué le está diciendo el Espíritu Santo?

2. *Mire a su alrededor y revise el fruto que está produciendo en las vidas que ha estado alimentando. Tómese el tiempo de lidiar con el dolor de su pasado* (p. 40). Es posible que luchemos para lidiar con el dolor de nuestro pasado, porque nos sentimos avergonzadas, o creemos que Dios responderá con corrección y disciplina. Pero la Biblia dice: "Humillaos delante del Señor, y él os exaltará" (Santiago 4:10). En lugar de responder con vergüenza o reprender, Dios promete *levantarnos* amorosamente cuando admitamos humildemente y le llevemos la herida y el dolor de nuestro pasado a Él. Escriba lo que le venga a la mente. Dígale al Señor lo que siente acerca de cada uno, y pídale que comience a sanar su corazón y a hacerla plena.

3. *Cada vida que producimos pasa por diferentes etapas. De manera que tenemos que aprender cuándo proteger y dar nuestro todo, y cuándo soltar y darles la oportunidad de crecer de acuerdo con el plan de Dios. Sin importar si esa vida es un hijo, un ministerio, un proyecto, un negocio o algún otro sueño dado por Dios, nosotras debemos darnos cuenta de que llega un momento en que ya no podemos proyectar en él nuestros propios deseos. Debemos dejar que tome su propia personalidad y siga su propio camino ordenado por Dios* (p. 35). Más abajo, escriba los hijos, los ministerios, los proyectos y los sueños que está alimentando ahora. Con cada uno, pídale al Señor que le ayude a identificar en que etapa se encuentra el hijo, el sueño o el proyecto. Pídale que le muestre específicamente qué desea

que usted haga (o deje de hacer) con cada uno, luego ore por ellos y entrégueselos al Señor.

Mensajes clave

- Sobreproteger a nuestros hijos naturales o espirituales obstaculizará su crecimiento. Debemos confiar en que Dios los haga desarrollarse y los cuide.
- A medida que maduramos espiritualmente, nos damos cuenta de que los sueños de Dios para nosotras no se tratan realmente de nosotras, sino de su grandioso plan.
- Dios a menudo no nos da lo que desea nuestro corazón, aunque sea bueno y sano, hasta que nos rendimos a Él.
- El enemigo nos empuja a perpetuar los patrones malignos a través de la influencia negativa de nuestro pasado. Debemos lidiar con las heridas de nuestra alma, para que no las inflijamos a los demás.

⤷ Capítulo 4 ⤶

Recapitulación

La semana pasada aprendimos que debemos rendirle al Señor a nuestros hijos y nuestros sueños, y lidiar con las heridas de nuestra alma.

Inicio

Si usted pudiera tener un superpoder, ¿cuál elegiría: superfuerza, velocidad sobrehumana, oído de largo alcance, invisibilidad, visión de rayos X o algo más? ¿Por qué?

Conversación

1. *Si no reconocemos que estamos en una batalla, es muy difícil ganar* (p. 46). ¿Alguna vez ha tomado en serio el hecho de que estamos en una batalla diariamente? ¿Cómo es que estar consciente de que usted está activamente involucrada en una batalla cambia la manera en que ve la vida y las circunstancias?

2. Usted no solamente es una dadora de vida, ¡sino una guerrera a través de Cristo! ¿Qué nos dicen los siguientes pasajes de la Escritura acerca de nuestra batalla, nuestro enemigo, las armas y la victoria? ¿Para qué está *peleando?*

   Efesios 6:10-18
   1 Corintios 15:57-58
   2 Corintios 10:3-5
   1 Crónicas 29:11-12
   1 Pedro 5:8-9
   Romanos 8:37-39

3. *Nuestras victorias personales sobre el pecado y sobre Satanás afectan a nuestro esposo, nuestros hijos e incluso a nuestros nietos. Cuando conquistamos al opresor de nuestra vida, animamos a otros creyentes a hacer lo mismo* (p. 46). Describa una vez en que vio a alguien "pelando la buena batalla de la fe" y fue animada o incentivada a continuar. ¿Cómo la animaron las acciones o la actitud de esa persona?

4. Sus victorias personales afectan a su familia durante generaciones. ¿En qué afecta su determinación de pelear con el enemigo con la Palabra de Dios comprender esta verdad? ¿En qué área de su vida la motiva más?

5. Caminar en libertad es un proceso, y se gana una victoria a la vez. ¿Alguna vez ha creído que la libertad es un evento, o que significa llegar a un cierto lugar de espiritualidad? ¿Qué sucede con nuestro corazón y nuestras actitudes cuando malinterpretamos la naturaleza y el proceso de libertad?

6. *La primera estaca que necesitará es el poder del perdón, porque la libertad no es para víctimas, es para vencedoras. Y el único paso para dejar de ser víctimas y ser vencedoras cuando hemos sido heridas es perdonar a la persona que nos hirió* (p. 48). El perdón no es negar, reprimir o restarle la importancia a una ofensa. Perdonar significa reconocer delante del Señor la herida o el daño de una ofensa, soltar al infractor de nuestro juicio, y confiarle a Dios el

resultado de la situación. En el proceso, nuestro corazón será cada vez más libre de la ira, la amargura y el dolor que la persona o la situación provocaron.

    a. ¿Cómo es que perdonar a la persona que nos ha herido nos libera de ser víctimas?

    b. ¿Por qué orar por la persona que nos ha herido u ofendido nos ayuda a perdonarla de verdad?

    c. Describa una ocasión en que orar por su enemigo se ha vuelto la clave de la victoria en su propia vida.

7. ¿Por qué la verdadera libertad y la victoria siempre comienzan con el arrepentimiento y la obediencia? ¿Por qué no podemos ser libres a menos que estemos dispuestos a arrepentirnos ante Dios y obedecer su Palabra?

Oración

¡Gracias a Dios por darnos la victoria en todas las cosas a través de Jesucristo! Agradézcale que a través de Jesús, Él nos ha dado todo lo que necesitamos para pelear y ganar la batalla. Pídale al Espíritu Santo que le dé revelación y sabiduría para las batallas que esté enfrentando. Arrepiéntase de cualquier falta de perdón que haya estado albergándose en su corazón, y pídale a Dios que la sane.

Exploración

1. *El punto de inflexión de toda opresión llega cuando el pueblo clama a Dios* (p. 42). Cada una de nosotras enfrenta batallas todos los días. Hable en voz alta o escriba una oración clamando a Dios acerca de las batallas que está enfrentando ahora. Sea sincera con Él. Háblele acerca de su necesidad y su deseo de victoria en su vida. Escuche su respuesta y escriba los pensamientos y las impresiones que le vengan a la mente.

2. El perdón es una llave poderosa y fundamental para caminar en libertad y victoria. Pídale al Señor que le traiga a la mente el nombre de las personas a quienes necesite perdonar. Con cada persona, dígale al Señor exactamente cómo se siente acerca de lo que la persona hizo o dijo que

la lastimó. Pídale que sane su corazón, y declare que usted la suelta de su juicio. Pídale al Espíritu Santo que la ayude, y ore por esa persona. Comprométase con el Señor a que usted continuará soltando a la persona, y luego ore por esa persona cada vez que sienta que la amargura, el dolor o la ira surjan en su corazón.

3. Santiago 5:16 dice: "Confesaos vuestras ofensas unos a otros, y orad unos por otros, para que seáis sanados". Dios no nos pide que nos confesemos mutuamente nuestras faltas para avergonzarnos, sino porque Él sabe que cuando llevamos a la luz las cosas que están escondidas en nuestro corazón y oramos mutuamente, seremos sanadas.

a. Pídale al espíritu Santo que le muestre una persona digna de confianza con quien pueda hablar, confesarle y orar con usted acerca de las cosas que están escondidas en su corazón. Escriba el nombre o los nombres que Él le traiga a la mente.

b. ¿Qué faltas, pecados o debilidades escondidos siente que necesita confesar cuando ustedes se encuentren?

4. No vencemos al adversario con la fuerza de nuestra voluntad, sino con el poder de la Palabra de Dios. ¿Qué porciones de la Biblia y promesas de Dios le vienen a la mente con respecto a las batallas que usted está enfrentando ahora? Escríbalas más abajo y comience a declararlas sobre su vida y sus circunstancias todos los días.

Mensajes clave

- La libertad es un proceso que comienza con el arrepentimiento y la obediencia.
- Nosotros tenemos el poder de descubrir la obra escondida del enemigo de nuestra vida, y deshacernos de él al utilizar la Palabra de Dios.
- Nuestras victorias personales impactan a nuestra familia y animan a otros creyentes a conquistar a Satanás.

- La batalla espiritual ya está ganada, pero debemos mantenernos firmes y utilizar las armas que Dios nos ha dado para caminar en victoria.

⊰ Capítulo 5 ⊱

Recapitulación
La semana pasada hablamos de que estamos peleando una lucha espiritual en la que ya tenemos la victoria a través de Jesús. Debemos mantenernos firmes y pelear utilizando la Palabra de Dios.

Inicio
Cuando usted era niña, ¿tenía un lugar especial a donde iba y se escondía o estaba sola? ¿Por qué?

Conversación
1. Todas experimentamos el dolor de la injusticia y el sufrimiento en algún momento de nuestra vida. ¿Qué palabras describen lo que se siente experimentar injusticia, traición, un trato injusto o cuándo se siente completamente sola? En su vida, ¿qué deseaba más de Dios y de los demás en esos momentos?

2. *El Dios que ve [...] Especialmente cuando enfrentamos alguna desilusión devastadora, necesitamos saber que Dios ve nuestro dolor. Necesitamos sentir que Dios está ahí con nosotros para escuchar y responder el clamor de nuestro corazón* (p. 57). Cuando estamos batallando, ¿cómo nos trae consuelo saber que Dios ve?

3. ¿Qué revela cada uno de los siguientes pasajes de la Escritura acerca de las promesas de Dios para nosotras cuando estamos sufriendo o nos sentimos solas? ¿Qué pasaje siente usted más personal ahora? ¿Por qué?

    Salmos 145:17-20
    1 Pedro 5:6-7
    Jeremías 29:11-12
    Salmos 34:17-18

Salmos 10:17-18

Deuteronomio 31:8

4. Cuando Agar estaba sola en el desierto, "la *halló* el ángel de Jehová junto a una fuente de agua en el desierto" (Génesis 16:7). En su misericordia, Dios *buscó a Agar* cuando ella no necesariamente lo estaba buscando a Él. ¿Ha habido algún momento en su vida en que Dios la haya *encontrado* en el lugar de su sufrimiento? Describa cómo fue ser encontrada por Dios ahí.

5. El propósito de Dios fue para bien. *Él no causó las heridas que yo sufrí, pero sí llenó esas heridas de propósito divino. Una vez que vi el propósito, incluso en medio del dolor, me incliné hacia él. Me di cuenta de que nada me podía llegar sin su permiso, que yo siempre estaba bajo su cuidado y me sentí agradecida. No por el sufrimiento mismo, sino por cómo Dios me estaba transformando a través de él. Al final, tal transformación es lo que hace que el dolor valga la pena. Nuestras heridas se hacen mucho más llevaderas cuando vemos que cada una puede servir con un propósito y producir un bien mayor en nuestra vida* (p. 60).

a. ¿Por qué a menudo solamente buscamos a Dios cuando nos sentimos desesperadas?

b. ¿Cómo es que Dios usa las heridas para bien? Describa brevemente una experiencia dolorosa por la que ahora esté agradecida debido al bien que produjo en su vida.

Oración

Agradézcale a Dios que es un Padre que ve y comprende su dolor. Agradézcale que Él nunca la dejará ni la abandonará. Pídale al Espíritu Santo que la ayude a presentarle las injusticias de su vida y reciba su consuelo. Comprométase a obedecer su voz incluso cuando es difícil, y confíe que Él obrará las cosas para su bien.

Exploración

1. Cuando le llevamos nuestro dolor a Dios, Él escucha el clamor de nuestro corazón, reconoce nuestros

sentimientos y nos consuela en nuestro sufrimiento. Más abajo, haga una lista de las cosas por las que esté clamando a Dios ahora. *Señor, mira...*

2. Existen pocas cosas tan dolorosas como ser traicionado por un cónyuge o un amigo cercano. Si usted ha experimentado traición, o está experimentando dolor o sufrimiento como resultado del pecado de otra persona o de malas decisiones, llévelo al Dios que ve.

   a. Escríbale una carta al Señor, ya sea más abajo o en una hoja separada, diciéndole cómo se siente acerca de lo que ha sucedido. Sea completamente sincera con Él acerca de la herida y el dolor que está experimentando.

   b. Pídale que la ayude a perdonar a la persona que la ha herido. Pídale que le abra los ojos para que vea la obra transformadora en su vida, a medida que Él tome lo que el enemigo hizo para mal y lo cambie para su bien. Escriba lo que sienta que Él está hablando a su corazón. (Es posible que desee buscar la ayuda de una consejera cristiana o de una pastora que la ayude a caminar a través del proceso de sanidad).

3. Cuando sentimos dolor, Dios no nos pide que le obedezcamos porque no se preocupe por nosotros; Él nos pide una obediencia firme porque le importa. A menudo, el camino hacia la sanidad y la plenitud pasa por el lugar de nuestro dolor más grande, no alrededor de este. Él puede pedirnos que hagamos otras cosas más difíciles también. Tómese algunos minutos y pregúntele al Señor qué desea que usted haga en las situaciones que usted mencionó en las preguntas uno y dos, luego escuche su voz. ¿Qué le está diciendo acerca de cada circunstancia? ¿Qué dirección o instrucción proporciona la Biblia? Humille su corazón delante del Señor, pídale que le hable, y escriba lo que le venga a la mente. Pídale al Espíritu Santo que le ayude a obedecer, incluso cuando le sea difícil.

4. Lea Salmos 61:1-4 en voz alta al Señor en oración. (Si usted lee en voz alta varias veces, es posible que se dé cuenta de que se torna más importante para usted).

Oye, oh Dios, mi clamor;
  A mi oración atiende.
Desde el cabo de la tierra clamaré a ti,
  cuando mi corazón desmayare.
Llévame a la roca que es más alta que yo,
  Porque tú has sido mi refugio,
  Y torre fuerte delante del enemigo.
Yo habitaré en tu tabernáculo para siempre;
  Estaré seguro bajo la cubierta de tus alas.

Mensajes clave

- Nuestro Padre celestial es el Dios que ve. Él ve nuestro dolor, nuestras heridas y desilusiones. Él está con nosotras para escuchar y responder a nuestro clamor.
- Las injusticias de la vida a menudo nos llevan a arrodillarnos ante Dios, lo cual nos lleva a una mayor intimidad con Él.
- Dios no causa nuestras heridas; en cambio, Él les infunde su propósito divino y las usa para transformar nuestra vida para bien.

⊰ Capítulo 6 ⊱

Recapitulación

La semana pasada descubrimos que nuestro Padre es el Dios que ve. Él usa nuestras heridas para sus propósitos y para transformar nuestra vida para bien.

Inicio

¿Usted despierta feliz o gruñona por la mañana? ¿Cómo se siente la gente que la rodea al respecto?

Conversación

1. Al mirar en retrospectiva, ¿puede ver las veces en su vida en que su respuesta descortés hacia una persona o una situación le costó algo?

   a. ¿Qué actitud desea ahora haber escogido en esas ocasiones? ¿Por qué no la eligió en primer lugar?

   b. ¿Cómo influirán en sus actitudes y respuestas futuras los resultados de esas experiencias?

2. Efesios 4:23 dice: "Y renovaos en el espíritu de vuestra mente".

   a. ¿Por qué una mayor revelación de la gracia de Dios puede crear una nueva actitud en nuestra mente?

   b. Para extenderles gracia a los demás, ¿por qué debemos estar conscientes primero de cuánta gracia hemos recibido de Dios?

   c. Comparta acerca de alguna vez en que una nueva comprensión de la gracia de Dios hacia usted cambió su manera de pensar acerca de otra persona.

3. ¿Tiende usted a pensar de usted misma más como una "buena chica" que como una "mala chica"? ¿Cómo ha afectado su percepción de sí misma la manera que interactúa con Dios y con los demás?

   a. Lea Romanos 3:10-12, 22-23 y Santiago 2:10. La Biblia dice que todas le debemos a Dios, estamos completamente en bancarrota ante Él, e igualmente necesitadas de su misericordia y su gracia. ¿Cómo es que esta revelación acerca de que estamos igualmente necesitadas de perdón y somos igualmente perdonadas nos hace amar a Dios y a la gente con una mayor pasión?

   b. ¿De qué son síntomas el legalismo, la comparación y el juicio hacia los demás?

4. *Cuando nos armamos de antemano con la decisión de seguir el ejemplo de Cristo y sufrir si es necesario, en lugar de actuar sin gracia, colocaremos la voluntad de Dios por sobre la nuestra. Le abrimos la puerta para que se mueva en maneras*

asombrosas, no solamente en nuestra propia vida, sino
también en la vida de los demás (p. 76).

  a. ¿Por qué las decisiones preventivas son efectivas para ayudarnos a vivir con gracia para con los demás?

  b. ¿Cómo cree que las relaciones clave de su vida, tales como su matrimonio, su familia y sus amistades se beneficiarán cuando tome decisiones premeditadas?

  c. ¿A qué cosa determinará responder de manera diferente esta semana?

Oración

¡Agradézcale a Dios que su gracia sea más que suficiente! Agradézcale por pagar su deuda y darle todo lo que necesita por su gracia. Pídale que la perdone por haber caminado en juicio o legalismo, y que le ayude a decidir de antemano seguir el ejemplo de Cristo y extenderles su gracia a los demás.

Exploración

1. ¿Cómo tiende a responder cuando las cosas no están marchando bien? ¿Cómo describiría la actitud que elige normalmente cuando está enfrentando dificultades?

  a. ¿Con qué tipo de actitud le gustaría responder? ¿Por qué?

  b. ¿Qué diferencia cree que hará en su vida convertirse en una mujer que responde con gracia, especialmente cuando está lastimada, cansada o frustrada?

2. *Para extenderles gracia a los demás, nosotras debemos ser conscientes primero de cuánta gracia hemos recibido* (p. 69). Antes de leer este capítulo, ¿alguna vez pensó de verdad acerca de su grado de necesidad de la gracia de Dios y de cuánto ha recibido de Él?

  a. Cuando leyó este capítulo, ¿cómo cambió su perspectiva de la gracia de Dios?

  b. Escríbale a Dios una carta, expresándole su agradecimiento por su infinita gracia para con usted. Invite al Espíritu Santo a obrar en su corazón para que se convierta en una extensión de la gracia de Dios hacia los demás.

3. Describa sinceramente cómo tiende a relacionarse con otras mujeres.

   a. ¿Se ha sentido superior o mejor que otras? ¿Usted pelea con los sentimientos de envidia? ¿Chismea? ¿Menosprecia a las demás?

   b. Si usted ha luchado con juzgar a otras personas o compararse con ellas, confiéselo a Dios y arrepiéntase. Invítelo a cambiar su corazón al renovar la actitud de su mente con la revelación de su gracia.

4. ¿En qué relaciones o situaciones más necesita tomar decisiones predeterminadas acerca de cómo responderá? Escriba una lista de los desafíos específicos a continuación. Con cada uno, pídale al Espíritu Santo que le dé su sabiduría y su dirección acerca de cómo responder con gracia y a la manera cristiana. Ore por las decisiones, pidiéndole al Espíritu Santo que le dé poder, y haga el compromiso de responder como Él la ha dirigido.

Mensajes clave

- Si decidimos ser gruñonas en lugar de tener gracia cuando las cosas no marchan bien, podemos perdernos de ver los milagros que Dios tiene para nosotros.

- Debemos estar conscientes de cuánta gracia hemos recibido de Dios antes de poderla extender a los demás. Tomar decisiones con anticipación nos ayudará a convertirnos en extensoras de la gracia de Dios a los demás.

⊰ Capítulo 7 ⊱

Recapitulación

La semana pasada hablamos de cuanto podemos perdernos cuando elegimos una actitud equivocada en respuesta a los desafíos. Todas estamos igualmente necesitadas de la gracia de Dios, y debemos extenderle su gracia a los demás.

Inicio

Si usted tuviera que describirse con tres palabras, ¿qué palabras serían?

Conversación

1. ¿Qué es lo primero que normalmente le viene a la mente cuando escucha la palabra con *S*? ¿Por qué?

2. *Hay una diferencia entre obedecer y someterse. La obediencia puede forzarse. La sumisión no. Es una actitud, no solamente una acción, y para ser genuina debe surgir de un corazón dispuesto* (p. 82).

   a. ¿Cómo describiría las diferencias entre obediencia y sumisión, especialmente en lo que se refiere a la actitud, la acción y la motivación?

   b. Describa una vez en que fue obediente, pero no se sometió a una autoridad. ¿Cómo cree que hubieran resultado las cosas si en cambio se hubiera sometido?

3. ¿Cómo es que la sumisión nos ayuda a obtener un ascenso divino, nos coloca para recibir el poder de Dios y nos protege?

4. Sin decir nombres, describa lo que ha observado en una pareja casada que admira, y cuya relación demuestre una estructura bíblica de autoridad. Por ejemplo: ¿Se ha fijado quién dirige el hogar? ¿Cómo se tratan mutuamente? ¿Parecen ser iguales? ¿Cómo es que la sumisión bíblica le da honor a cada uno?

5. *Me he dado cuenta de que no tengo que temer someterme a lo que decida mi autoridad, mientras yo sepa que Dios está involucrado. Después de todo, Él me ama. Él se preocupa por los detalles de mi vida, y Él está atento a mí. Él también sostiene el corazón del rey (tal como mi esposo o cualquier otra autoridad) en su mano, y puede transformarlo como desee. De manera que si oro, puedo estar confiada en que Él obrará las cosas de acuerdo con mi mejor interés* (p. 87–88).

a. ¿Por qué la sumisión no se trata acerca de la autoridad terrenal, sino acerca de nuestra relación con Dios?

b. La sumisión es una demostración de humildad ante Dios y de confianza en Él. ¿Cómo afecta esto su motivación o su disposición para madurar y crecer en el área de sumisión a las autoridades terrenales?

6. Lea 1 Pedro 5:5-7 y Colosenses 3:18-24. ¿Qué revelan estos pasajes acerca del corazón detrás de ser sumisa y la recompensa de ser sumisa hacia los que están en autoridad sobre nosotras?

7. Ser sumisas no significa ser compañeras sin voz ni voto. Debemos presentarles nuestras peticiones, compartir nuestras revelaciones, y pronunciar nuestras opiniones en maneras eficaces, al mismo tiempo que mantenemos una actitud de gracia y sumisión. Aquellas que sobresalen en el arte divino de la sumisión saben cómo hacer solicitudes, hacer preguntas de calidad, comunicar esperanzas y preocupaciones concisamente, apoyar a sus líderes y orar con gran fe.

a. ¿Cuáles son algunas claves para aplicar cada uno de los principios mencionados? Por ejemplo, explique qué significa *hacer solicitudes en el momento apropiado*.

b. ¿Qué principio de comunicación necesita aplicar con más frecuencia en su matrimonio o su lugar de trabajo? ¿Por qué?

c. ¿Qué hará de manera diferente esta semana?

Oración

Agradézcale a Dios que Él la cuida y que sus caminos siempre son perfectos. Invítelo a moldearla para ser una mujer de gran fe, una mujer que demuestre su fe en Él al someterse a su esposo y a otras autoridades. Pídale que sane cualquier herida que le causaron líderes impíos y abusivos en el pasado. Ore que las autoridades de su vida escuchen y respondan a la voz de Dios.

Exploración

1. ¿Cuál de las siguientes afirmaciones describe dónde está su corazón con respecto a la sumisión?

   a. *Creo que el camino de Dios es el mejor, y soy proactiva acerca de aprender a someterme más a la autoridad.*

   b. *Tengo una relación amor/odio con el principio de sumisión. Intento crecer en este aspecto, pero luego algo sucede y me hace sentirme herida o desanimada, y me cuesta continuar trabajando en ello.*

   c. *Debido a lo que he visto o experimentado en el pasado, lucho constantemente para abrazar el principio de sumisión. Necesito al Espíritu Santo que me ayude a desear someterme a la autoridad.*

   d. *No tengo deseo de ser sumisa. De hecho, ni siquiera deseo que el Espíritu Santo me ayude.*

2. ¿Por qué dio esas respuestas?

3. Ore y pídale al Señor que le ayude a comprender esta verdad. Él la ama y la acepta como es, pero desea que usted experimente la provisión, el poder y la protección que solamente vienen al someterse a Él, como lo demuestra su sumisión a las autoridades terrenales dadas por Dios. Pídale que le ayude a dar otro paso hacia adelante en ese aspecto.

4. ¿La ha lastimado alguna persona en autoridad quien abusó de su posición o la usó inadecuadamente? Dios desea sanarla y restaurarla. Ante el Señor, escriba brevemente lo que sucedió y cómo le afectó.

   a. Ahora, pídale al Espíritu Santo que le hable acerca de la herida. ¿Qué le está diciendo? Escriba los pensamientos o las impresiones que le vengan a la mente.

   b. Ore y pídale a Dios que traiga sanidad y restauración en ese aspecto.

5. Al haber leído este capítulo, ¿una situación específica le ha venido a la mente en la que usted sienta que necesita cambiar su actitud o su comportamiento con su esposo o con otro líder? Posiblemente se haya sentido convencida acerca

de no apoyar ni confiar en una decisión. Posiblemente ha temido hablar de su recelo acerca de cómo ha resultado una acción y se ha dado cuenta de que necesita hablarlo. ¿En qué situación (o situaciones) específica cree que necesite crecer o cambiar? Escríbalas, junto con lo que crea que el Señor le esté pidiendo que haga en cada situación. ¿Qué hará de manera diferente esta semana?

6. *De manera que quiero dejar esto muy claro: la Biblia no condona el autoritarismo, y no requiere que una mujer sea sometida al abuso de ningún tipo físico o psicológico. Las esposas siempre deben tener la libertad de ceder con amor al liderazgo de su esposo por elección, no porque se les ha presionado o forzado. En un matrimonio, esa es la única atmósfera en que puede sobrevivir la sumisión genuina. Lo que es más, la Palabra de Dios siempre es la autoridad final de una mujer. Si su esposo le pide hacer algo que ella considera que es pecaminoso, ella no solamente tiene el derecho sino también la responsabilidad de decir no (p. 86).* No es la voluntad de Dios que usted sea sujeta a abuso o maltrato. Si su seguridad física está siendo amenazada, póngase en contacto con sus autoridades locales de inmediato. Es muy difícil sobrevivir en las cicatrices y la vergüenza del abuso físico o emocional sin la ayuda de otras personas. Si usted ha sufrido de abuso, por favor busque ayuda de una consejera o una pastora profesional cristiana. No espere. Dios desea sanarla y liberarla.

Mensajes clave

- Las mujeres sumisas no son débiles, sino están llenas de fe, confiando en que Dios se moverá en el corazón de las autoridades de su vida y obrará las cosas para bien.
- La sumisión no puede forzarse como la obediencia, porque es una actitud que surge de un corazón dispuesto.
- Todos, incluso Jesús, somos parte de una cadena de mando.

- La sumisión trae un asenso divino, nos coloca para recibir el poder de Dios y nos protege.
- La sumisión bíblica no significa estar bajo dominio o autoritarismo.

⊰ Capítulo 8 ⊱

Recapitulación

La semana pasada hablamos de que la sumisión es una actitud del corazón que trae un ascenso divino que nos coloca para recibir el poder de Dios y nos protege.

Inicio

Si pudiera visitar cualquier lugar del mundo, ¿a dónde elegiría ir? ¿Por qué?

Conversación

1. Refiérase a la descripción de inseguridad en la página 101. ¿Con qué parte de la descripción se identifica más? ¿Por qué?

2. A menudo es más fácil ver como los ciclos y comportamientos negativos surgen de la inseguridad, al mirar en retrospectiva nuestra vida adolescente.

   a. ¿Cuáles eran las principales inseguridades con las que luchó de adolescente? ¿Cuáles ha llevado hacia la adultez?

   b. ¿Cómo resultó afectada su vida con sus inseguridades?

   c. ¿Le gustaría ser libre de ellas?

3. *Compararse con alguien más nunca funciona para su bien. Nos deja sintiéndonos superiores y llenas de orgullo, o sintiéndonos inferiores y llenas de envidia* (p. 100).

   a. ¿En qué aspecto se compara con otros con más frecuencia? ¿Por qué?

   b. ¿Qué dice 2 Corintios acerca de compararnos con los demás?

   c. ¿Cuál ha sido el fruto de la comparación en su vida?

4. *La inseguridad desenfrenada se vuelve pecado. Da como resultado una incapacidad para creer, decisiones impetuosas e irracionales, inestabilidad del alma e incluso celos insensatos. Deja a las lideresas como María sentadas en la línea de banda y hace que los reyes como Saúl no sean aptos para reinar* (p. 110–111).

   a. ¿Por qué permitir que la inseguridad permanezca en nuestro corazón lleva al pecado?

   b. ¿Cuál de los derivados de la inseguridad ha visto o experimentado en su vida, ya sea recientemente o en el pasado?

5. Solamente podemos volvernos creyentes seguras y estables al cambiar el enfoque de nosotras mismas y de nuestra insuficiencia a la suficiencia de Cristo. Debemos aceptar y estar de acuerdo con quien Él dice que somos. ¿Qué dicen los siguientes versículos acerca de quiénes somos en Cristo y lo que podemos hacer a través de Él? ¿Qué otros versículos le vienen a la mente?

   Salmos 139:13-18

   2 Corintios 5:17-19

   2 Corintios 12:9

   Filipenses 4:13

   2 Corintios 3:5-6

6. *Ninguna de nosotras califica para lo que Dios nos ha llamado a hacer. Él ni siquiera nos lo pide. Simplemente nos pide reconocer su gracia y perseguir una relación con él. Todo lo que Él requiere es que cada una de nosotras le entregue su corazón, que nos rindamos a su voluntad, y que le preguntemos: "Señor, ¿qué deseas que haga?"* (p. 106).

   a. ¿Cómo la anima saber que nadie está calificado para hacer lo que Dios lo ha llamado a hacer, y que Él no nos pide que nos volvamos personas calificadas?

   b. Describa un aspecto de su vida en el que haya seguido la voz de Dios en fe, a pesar de sus inseguridades. ¿Cómo ha visto la suficiencia de Dios en acción cuando le ha obedecido?

Oración

Agradézcale a Dios por diseñarnos a cada una de manera única. Arrepiéntase por compararse con otras o por escuchar la voz de sus inseguridades. Declare que está de acuerdo con su Palabra sobre su vida y que la acepta. Comprométase a buscar la voluntad de Dios para su vida, confiando en su suficiencia y no en la de usted.

Exploración

1. ¿Hubo una experiencia en su niñez que le abrió la puerta a la inseguridad? ¿Cuál fue? Pídale al Señor que le muestre qué mentira (o mentiras) llegó usted a creer acerca de sí misma por la experiencia, y escriba lo que le venga a la mente.

   a. Pídale al Espíritu Santo que le muestre la verdad: lo que Él dice acerca de usted. Escriba lo que sienta que Él le está diciendo.

   b. Ore acerca de la(s) experiencia(s) que le abrió la puerta a la inseguridad. Renuncie a creer en esas mentiras y declare que está de acuerdo con la Palabra de Dios sobre usted.

2. Imagine que está mirando una imagen de usted misma desde el interior. Escriba una breve descripción de lo que ve. ¿Ve talento, timidez, potencial, insignificancia, una persona amada?

   a. Ahora, pregúntele a Dios lo que Él ve en usted. Escriba lo que crea que Él le está diciendo.

   b. ¿En qué son diferentes las imágenes?

3. ¿Qué le está pidiendo Dios que lleve a cabo—perseguir un sueño, una visión o un propósito—que usted ha dudado o temido hacer?

   a. ¿Por qué duda o tiene miedo?

   b. ¿Qué dice la Biblia acerca del temor o la inseguridad que está enfrentando? ¿Qué dice acerca de la suficiencia de Dios?

4. ¿Por qué desea ser libre de la inseguridad? Específicamente, ¿qué cree que será diferente en su vida cuando

se enfoque en la suficiencia de Dios y no en sus propias limitaciones?

5. Escríbale una nota al Señor, comprometiéndose a enfocarse en su suficiencia y disfrutando hacer una diferencia en su pequeño rincón del mundo.

Mensajes clave

- Compararnos con otras personas nos lleva a sentirnos superiores y llenas de orgullo, o sintiéndonos inferiores y llenas de envidia.
- La inseguridad es una profunda sensación de desconfianza en sí misma e inseguridad acerca de su valor.
- Cuatro peligrosos derivados de ser controladas por la inseguridad son la incapacidad de creer, las decisiones impetuosas e irracionales, la inestabilidad del alma y la envidia desquiciada.
- Podemos vencer la inseguridad al aceptar la definición de Dios acerca de quienes somos, enfocándonos en su suficiencia, y actuando en los papeles que Él nos ha dado a cumplir.

⊰ Capítulo 9 ⊱

Recapitulación

La semana pasada hablamos acerca de vencer la inseguridad en nuestra vida al aceptar la definición de Dios acerca de quienes somos, enfocándonos en su suficiencia y desempeñando los papeles que Él nos ha dado para cumplir.

Inicio

¿Cuál es uno de los regalos más considerados que ha recibido?

Conversación

1. Lea la historia de Elías y la viuda, en 1 Reyes 17:8-16.

    a. ¿Qué le llamó más la atención acerca de su interacción?

196 • Guía de estudio

b. Imagínese haber estado en lugar de la viuda aquel día, planeando comer su último alimento y luego morir. ¿Cómo habría respondido a la petición de Elías?

c. ¿Qué cree usted que le haya dado la valentía a la viuda para responderle a Elías como lo hizo?

d. ¿Cómo tiende a responder cuando está en un lugar de necesidad, no obstante siente que Dios la está llamando a dar?

2. *Obedecerlo [a Dios] en cualquier nivel siempre nos da la oportunidad de ser bendecidas* (p. 118). ¿Cómo es que la obediencia, incluso la obediencia relacionada con dar, nos conecta con los recursos ilimitados de Dios?

3. *Se ha dicho que cuando se dan las primicias nunca se pierden; en cambio, cualquier primicia que no se da, se pierde. Lo que le damos a Dios, no lo perdemos, porque Dios lo redime por nosotras. Pero lo que le retengamos a Dios, lo perderemos* (p. 122). *Redimir* significa "comprar de vuelta, sacar lo mejor de algo o soltar". En ese sentido, ¿darle lo primero de cualquier cosa a Dios redime el resto?

4. *Dios nunca pide las sobras. A lo largo de la Biblia, el Señor deja en claro que todo le pertenece. Es un principio espiritual invariable. Puede ser llamado el principio del primogénito, las primicias o el diezmo; pero no importa el nombre que elijamos, este afecta directamente la medida de la bendición de Dios que disfrutamos en nuestra vida* (p. 119–120).

a. ¿Cómo es que poner primero lo primero y vivir por fe se relacionan entre sí (ver Hebreos 11:6)?

b. ¿En qué aspecto de la vida batalla usted más para colocar primero a Dios? ¿En qué aspecto batalla menos? ¿Por qué cree que sea esto?

c. ¿Qué le impediría a alguien darle a Dios lo primero de sus finanzas, su tiempo, entre otras cosas?

5. ¿Alguna vez pensó en dar, específicamente una dádiva extravagante, como una aventura de Dios? ¿Por qué sí o por qué no?

6. Describa una ocasión en que le haya dado a Dios primero y Él haya redimido el resto en una manera inesperada.

Oración

Agradézcale a Dios por su bondad, por bendecir y recompensar a quienes lo colocan primero, por fe. Pídale que incremente su fe, luego confíe en que Él redima el resto cuando le dé lo primero. Si es pertinente, arrepiéntase por robarle financieramente o en otras maneras. Pídale al Espíritu Santo que le muestre cómo reordenar su vida de acuerdo con las prioridades de Dios.

Exploración

1. De acuerdo con Malaquías 3:8-10, ¿qué estamos haciendo si no le damos a Dios el diez por ciento de nuestros ingresos? ¿Qué promete su Palabra si obedecemos y le damos el primer diez por ciento?

   a. ¿Usted diezma regularmente? Si no lo hace, ¿qué la está deteniendo?

   b. Pídale al Señor que la perdone por no obedecerlo y honrarlo con sus finanzas. Comprométase a diezmar y pídale al Espíritu Santo que le muestre los aspectos que usted puede cambiar de su estilo de vida o de sus hábitos financieros para facilitar el cambio. Escriba sus ideas.

2. *Nosotros debemos estimarlo y darle a Él el primer lugar de nuestro tiempo, nuestras acciones, nuestros afectos, nuestro trabajo, en todo. Si no lo colocamos primero que nada en estos aspectos, no podemos esperar que Él los bendiga* (p. 128). Piense en las áreas de su vida que se mencionan aquí. ¿En qué área(s) observa la necesidad de reacomodar sus prioridades para colocar a Dios primero? En cada aspecto, pídale al Espíritu Santo que la guíe y le ayude a elaborar un plan, luego escríbalo.

3. ¿Qué cambio hará primero esta semana para comenzar a reacomodar sus prioridades y colocar a Dios primero?

4. Imagine cómo sería su vida si colocara a Dios primero en todo sentido.

   a. ¿Qué sería diferente? Describa específicamente lo que usted prevé que cambiará en su vida a medida que coloque a Dios primero con respecto a su tiempo, su matrimonio, sus finanzas, su ministerio, entre otras cosas.

   b. Pídale al Espíritu Santo que le ayude a mantener esta visión en mente cuando se sienta tentada a colocar otras cosas antes que a Dios. Pídale que le ayude a vivir por fe, creyéndole a Dios por su Palabra.

5. Dios la está invitando a ir en una aventura con Él. Él la está acercando por su Espíritu Santo a un estilo de vida de más fe, confianza y gozo en Él. Para edificar su fe, haga una lista de las bendiciones que ha recibido del Señor y agradézcale por cada una.

Mensajes clave

- Dar *primero*, especialmente desde nuestro lugar de necesidad, nos conecta con los recursos ilimitados de Dios.
- Cualquier primicia nunca se pierde, sino redime el resto.
- La Biblia dice que le demos el primer diez por ciento de nuestro ingreso al Señor.
- Darle a Dios primero suelta nuestra fe: el gatillo que dispara las bendiciones.

⊰ Capítulo 10 ⊱

Recapitulación

La semana pasada hablamos acerca de colocar a Dios primero en toda nuestra vida. Darle a Dios primero suelta nuestra fe y nos conecta con sus recursos ilimitados.

Inicio

¿Qué representa mejor su estilo de hospitalidad: copas de plata, tazas de té de porcelana china, tarros de cerámica, vasos de plástico, vasos de espuma de poliestireno? ¿Por qué?

Conversación

1. ¿Qué tan buena es usted esperando? ¿Por qué lo dice?

2. Lea los siguientes versículos. ¿Qué dicen acerca de cómo y por qué Dios desea que esperemos en Él?

   Salmos 27:14

   Isaías 40:31

   Salmos 37:7

   Lamentaciones 3:25-26

   Salmos 62:5-8

   Habacuc 2:2-3

3. *Para [esperar] en todo el sentido escritural de la palabra, también debemos hacerlo con fe, gracia y una buena actitud* (p. 134).

   a. ¿Tiende usted a esperar impacientemente o con apatía en Dios? Si su respuesta es sí, ¿a qué cree que se deba?

   b. ¿Por qué debemos esperar con fe, gracia y una buena actitud para "esperar en el Señor" de verdad?

   c. ¿Qué está intentando hacer Él en nuestro corazón a través de los periodos de espera en nuestra vida?

4. ¿Por qué ser una bendición para alguien más nos coloca en el lugar correcto para ser bendecidos nosotros mismos?

5. Servir a los demás nos prepara tanto para los aspectos importantes como los no tan importantes de nuestro destino futuro. Con todo lo que Él nos ha puesto para hacer, incluso en las cosas que parecen no tener propósito, Dios nos está preparando para nuestro futuro.

   a. ¿Qué ha hecho usted que le ha parecido completamente cotidiano o sin importancia en ese momento, pero que en realidad le ayudó a prepararla para una futura tarea u oportunidad?

   b. ¿Cómo es que tener una buena actitud acerca de las cosas cotidianas de nuestra vida nos ayudan a prepararnos mejor para nuestro futuro?

6. Refiérase a las cinco sugerencias para mejorar sus habilidades de servicio (p. 140).

a. ¿Cuál le resaltó más? ¿Por qué?

b. ¿Con cuál de las cinco sugerencias tiene usted más problema cuando sirve? ¿Cuál es la más fácil? ¿A qué cree que se deba?

c. ¿Qué paso puede dar esta semana para aplicar una o más de estas cinco sugerencias en un área de servicio? ¿Qué espera que cambie en su corazón o en su actitud cuando lo haga?

Oración

Pídale a Dios que la ayude a convertirse en una persona que espere en el Señor con fe, gracia y una buena actitud, agradézcale que su tiempo perfecto y su corazón por usted siempre son buenos. Pídale que le muestre cómo y dónde servir a los demás durante esta temporada de su vida.

Exploración

1. *Si nuestra atención está puesta en nosotras mismas, nos volveremos ansiosas e intentaremos forzar que las cosas sucedan demasiado rápido; o nos desanimaremos y nos volveremos apáticas, y—en nombre de dejarle todo a Dios—nos negaremos a usar nuestro tiempo de espera para prepararnos para nuestra siguiente temporada* (p. 134). ¿Hay una esperanza, un sueño o una visión en su corazón que usted esté forjando en su propia fuerza, o para la que no esté haciendo nada en absoluto para prepararse? Si es así, tómese unos minutos para hablar con el Señor al respecto. Arrepiéntase por empujar en su propia fuerza o "esperar" impacientemente. Si usted no ha aprovechado la temporada de espera y obedecido la voz de Dios para prepararse, pídale que la perdone y le ayude a aprovechar su tiempo.

2. *Nunca podremos alcanzar nuestro destino sin la ayuda de alguien más* (p. 139). No hay llaneras solitarias en el Reino de Dios. Todas somos parte de una comunidad de creyentes y cada una tiene un propósito divino individual diseñado para ayudar a edificar el Cuerpo de Cristo.

Somos llamadas a ir con las demás y "estimularnos al amor y a las buenas obras" (Hebreos 10:24). ¿Alguna vez ha tenido la tendencia de pensar que su llamado no ser relaciona con los llamados de los demás? ¿Cómo le ayudará abrazar el panorama general de Dios para su Reino a esperar en el Señor con una fe, gracia y buena actitud mayores?

3. Pídale al Señor que le muestre cómo le gustaría que usted sirviera, si no está haciéndolo aún.

   a. ¿A quién le gustaría animar y apoyar? Escriba la persona y el lugar que Él le traiga a la mente.

   b. ¿Qué puede hacer esta semana para servir?

4. Escriba un sueño, una visión o un llamado de su vida que todavía esté esperando para llevarse a cabo.

   a. Lea Salmos 62:5 en voz alta varias veces como una oración de declaración acerca del sueño, la visión o el llamado: *Alma mía, en Dios solamente reposa, porque de él es mi esperanza.*

   b. ¿Qué sintió que el Espíritu Santo le estaba diciendo mientras declaraba su Palabra en esta área? Escriba los pensamientos y las impresiones que le vinieron a la mente.

Mensajes clave

- Ser una bendición para alguien más nos coloca en el lugar correcto para ser bendecidas nosotras mismas.
- Si deseamos cumplir la voluntad de Dios, debemos aprender a esperar, fijando nuestra atención en Él y no en nosotras mismas o en nuestros propios deseos.
- Bíblicamente, esperar significa esperar con fe, gracia y una buena actitud.
- Servir nos prepara para nuestro destino.

⤐ Capítulo 11 ⤏

Recapitulación

La semana pasada hablamos acerca de cómo esperar en Dios con fe, gracia y una buena actitud, fijando nuestra atención en Él y sirviendo a los demás.

Inicio

¿En dónde es probable que la encuentren cantando con todo su ser?

Conversación

1. ¿Qué es lo primero que le viene a la mente cuando escucha la palabra *adoración*?

2. Lea Juan 4:20-24. ¿Qué cree usted que signifique adorar al Señor "en espíritu y en verdad"?

3. ¿Qué dice cada uno de estos versículos acerca de cómo y por qué adorar al Señor?

   Salmos 91:1-2

   Salmos 86:8-10

   Salmos 150

   Salmos 29:1-2

   Salmos 95: 1-7

   Efesios 5:19-20

   Salmos 33:1-3

   Salmos 138:1-3

4. *Aunque adorar junto con otros creyentes quizá le dé vergüenza al principio a quienes tienden a ser más reservadas y tímidas, es importante para nuestro desarrollo espiritual. Cuando los cristianos adoramos juntos, movemos el espíritu de los demás. Cada uno suelta ríos de agua viva desde su interior, luego juntos creamos una corriente de la presencia de Dios que abre camino a encuentros muy especiales con el Señor (p. 149).*

   a. ¿Alguna vez se ha sentido incómoda al adorar en público? ¿Qué le hizo sentirse más incómoda? ¿Con qué pensamientos o temores estaba (o está) luchando?

b. ¿Cuáles fueron sus primeras experiencias con la alabanza en conjunto? ¿Cómo han cambiado sus experiencias y sus respuestas con el tiempo?

c. ¿En qué ha sido importante adorar a Dios con otros creyentes para su desarrollo espiritual?

5. ¿Por qué la verdadera adoración comienza con el enfoque?

a. ¿Qué tipo de cosas nos distraen a menudo de enfocar nuestra atención en el Señor? ¿Qué ha hecho en el pasado que le ha ayudado a vencer las distracciones?

b. Describa una ocasión en que contempló al Señor— le dio toda su atención—y eso la cambió en alguna forma. ¿Qué sucedió? ¿Qué dijo o hizo Dios que la transformó?

6. ¿Cómo espera que cambie su relación con Dios a medida que se sienta más libre en la adoración? ¿Cómo le gustaría que fuera su relación con Él?

Oración

¡Tómese algunos minutos para adorar al Señor! Dígale que está enamorada de Él, de su bondad, de su benignidad y su misericordia. Pídale que le ayude a enfocar su atención en Él para que usted pueda tener una cita divina con Él en adoración.

Exploración

1. ¿Qué temores e inseguridades específicos la han detenido de adorar libremente a Dios? Escriba los temores y pídale al Espíritu Santo que le hable acerca de cada uno. ¿Cuál es la verdad del E.S. acerca de sus temores o inseguridades con respecto a la adoración?

2. *Para que las relaciones sean sanas, debe existir un intercambio de dos vías. Ambas partes deben comunicarse lo que hay en su corazón. Es por ello que Dios plantó en nosotros un anhelo de expresarle nuestra devoción a través de la adoración. Esta profundiza nuestra relación con Él como nada más puede hacerlo* (p. 149).

    a. ¿Cómo describiría la comunicación entre usted y Dios; es principalmente de una vía (usted le habla a Él) o de dos vías?

    b. Escríbale a Dios una breve nota, diciéndole que le gustaría comunicarse con Él. ¿Qué tipo de amistad o intimidad desea tener con Él? Escuche su respuesta y escriba lo que le venga a la mente.

3. Tómese algunos minutos para hacer una lista de las cosas que le encantan de Dios y su carácter. ¿Por qué es digno de su alabanza?

4. Enfoque su corazón en un rasgo del carácter de Dios que es especialmente importante para usted ahora, tal como su poder, su amor o su paz. En un lugar privado, comience a hablar o a cantar su alabanza y su adoración acerca de este rasgo. Continúe adorándole acerca de eso durante varios minutos, hasta que sienta el cambio en su adoración que pase de su cabeza a adorarle con su corazón. (Esto puede tomar un tiempo, ¡pero continúe). Cuando adoró, ¿qué experimentó o sintió que el Espíritu Santo le estaba diciendo?

Mensajes clave

- Cuando adoramos a Dios, escuchamos su voz y vemos sus verdades. Él nos transforma.

- La adoración profundiza nuestra relación con Dios como nada más puede hacerlo. Es importante para nuestro desarrollo espiritual.

- La verdadera adoración comienza al darle a Dios toda nuestra atención y al mirarlo con los ojos de nuestro corazón. Necesitamos detenernos, mirarlo y escucharlo.

⊰ Capítulo 12 ⊱

Recapitulación

La semana pasada hablamos acerca de la importancia de la adoración para nuestro desarrollo espiritual. Esta profundiza nuestra relación con Dios como nada más puede hacerlo.

Inicio

¿Qué ha sido lo más único o interesante que ha hecho usted?

Conversación

1. Ahora mismo, ¿necesita levantarse, entrar y salir? ¿En qué sentido?

   a. Luego de levantarse—arrepentirse y regresar al camino de Dios—, ¿por qué es tan importante entrar comprometiéndose sinceramente con Dios y con su pueblo? ¿Por qué no podemos experimentar por completo los beneficios de bendecir a Dios hasta que lo hacemos?

   b. ¿Cómo ha afectado su viaje con el Señor su conexión con la gente de su iglesia local?

2. ¿Cómo y por qué elegir invertir en alguien más nos ayuda a salir del quebranto y el dolor?

3. ¿Con qué mujer de las historias de *Una mujer de bendición* se relacionó más, o sintió que fue más relevante para su vida ahora? ¿Por qué?

   a. ¿En que sentido este libro afectó su perspectiva acerca del valor de la Biblia como una fuente de consejería?

   b. ¿Cómo ha cambiado este estudio su manera de pensar acerca de sus relaciones con otras mujeres?

4. Ser una mujer de bendición significa caminar con gracia y fuerza en la persona interior, lo cual viene como resultado de rendirle su vida por completo a Dios. Específicamente, ¿cómo le ha rendido su vida a Dios en una manera más profunda a medida que leyó y discutió *Una mujer de bendición*? ¿En qué manera ve los cambios positivos de su corazón, su actitud y su vida?

Oración

Agradézcale al Señor por su misericordia que nos alcanza en nuestros momentos más bajos. Agradézcale por atraerla con su amor y su gracia para acercarla a Él y a su pueblo. Pídale que continúe su obra en su corazón y su vida, que pueda vivir llena de gracia y fortaleza en Él.

Exploración

1. *Cosas grandiosas pueden suceder cuando el pueblo de Dios se levanta [...] Si hay algo malo en nuestra vida, debemos hacer lo que llevaron a cabo estas personas. Debemos preguntarnos: ¿En qué aspecto necesito levantarme? Luego, debemos levantarnos y dar el primer paso hacia una nueva dirección* (p. 157). ¿Hay algún aspecto de su vida en que necesite "levantarse": arrepentirse y regresar al camino del Señor? Si es así, escríbalo y ore al respecto. Confiésele al Señor su pecado o sus errores, y pídale su perdón y su misericordia. Pídale al Espíritu Santo que le muestre qué paso necesita dar para regresar a su camino, y escríbalo. ¡Agradézcale por ser su Rescatador, Restaurador y Redentor!

2. *Como mujeres de Dios [...] Debemos estar sirviendo, apoyando y animándonos unas a las otras. Es la única manera en que vamos a experimentar lo mejor de Dios [...] No tenemos que desplazar a nadie más para obtener un puesto para nosotras mismas. Hay lugar para todas nosotras en el escenario de Dios. Podemos animarnos unas a otras para tener éxito, porque Él tiene una plataforma de influencia para todas nosotras. Lo que es más, ¡nos necesitamos la una a la otra! Nosotras tenemos la llave para el éxito de las demás. Incluso en nuestras temporadas más delicadas, podemos hacer inversiones que le cambien la vida a las demás. No importa cuán bajo podamos estar, todas tenemos algo que alguien más necesita* (p. 164–165).

a. En general, ¿qué tipo de actitud ha tenido hacia las mujeres? Dígale al Señor cómo se ha sentido en sus relaciones con otras mujeres, sean buenas o malas.

b. Si usted ha sido herida por otras mujeres en el pasado, especialmente por mujeres cristianas, pídale al Señor que sane sus heridas y la restaure. Por nombre, ore y perdone a las mujeres involucradas.

c. Invite al Espíritu Santo a que le hable al corazón y le dé un nuevo y más profundo amor por sus hijas. Pídale que la ayude a ser una mujer de bendición que sirve y ayuda a los demás con sinceridad.

3. Dios desea que cada una de nosotras tengamos de quien aprender y en quien invertir.

a. ¿En dónde le está pidiendo el Señor que se involucre y desarrolle relaciones? Pídale que le dé ideas de dónde y cómo invertir, y escriba lo que sienta que Él le esté diciendo.

b. ¿Cuál es el primer paso que puede dar para involucrarse?

4. Escríbale una nota o una carta al Señor, invitándolo específicamente a usarla en una manera que traiga vida al mundo que la rodea.

Mensajes clave

- Cuando dejamos de vivir para Dios, nos dirigimos a las partes más bajas de nuestra vida. Si nos levantamos de nuestro lugar bajo y regresamos a Él, en su voluntad, Él nos levantará y usará nuestras experiencias más bajas para nuestra ventaja.

- Aunque hayamos virado fuera del camino, Dios continúa tendiendo un propósito para nuestra vida.

- Para experimentar todas las bendiciones de Dios debemos entregarnos completamente a los caminos y al pueblo de Dios, e invertir en alguien más. ¡Nos necesitamos mutuamente!